I0118478

L

RAPPORT

FAIT A L'ACADÉMIE DES SCIENCES,

SUR UN ESSAI GÉNÉRAL

DE NAVIGATION INTÉRIEURE

DE LA FRANCE.

IMPRIMERIE DE FIRMIN DIDOT,

IMPRIMEUR DU ROI ET DE L'INSTITUT,

RUE JACOB, N° 24.

INSTITUT ROYAL DE FRANCE.

ESSAI GÉNÉRAL

DE

NAVIGATION INTÉRIEURE

DE LA FRANCE;

Par M. BRISSON,

INSPECTEUR DIVISIONNAIRE DES PONTS ET CHAUSSÉES.

RAPPORT

FAIT A L'ACADÉMIE DES SCIENCES,

PAR MM. DE PRONY, LACROIX,

ET

CHARLES DUPIN, RAPPORTEUR.

PARIS,

CHEZ FIRMIN DIDOT, LIBRAIRE,

RUE JACOB, N° 24.

1828.

RAPPORT

FAIT A L'ACADÉMIE DES SCIENCES,

SUR UN ESSAI GÉNÉRAL

DE NAVIGATION INTÉRIEURE

DE LA FRANCE.

———⋙∘∘∘⋘———

L'ACADÉMIE a chargé MM. de Prony, Lacroix et moi, de lui rendre compte d'un *Essai général de navigation intérieure de la France*, composé par M. Brisson, inspecteur divisionnaire des ponts et chaussées.

Ce travail important est d'une grande étendue, malgré la concision remarquable avec laquelle il est rédigé.

Nous allons exposer le systême conçu par M. Brisson, de manière à donner une

1.

idée juste et complète de cette produc-
tion.

L'auteur commence par observer que
les routes ont été, jusqu'à ce jour, la
principale et presque la seule voie de
communication ouverte au commerce,
dans presque tout l'intérieur de la France.

Il trouve la cause de cette préférence
dans l'exécution et l'entretien des routes,
opérés par corvées et presque sans frais
pour le trésor public. L'exécution et l'entretien des canaux, le perfectionnement
de la navigation des rivières par un sem-
blable moyen, n'ont pas offert les mêmes
facilités. C'est qu'en effet, il faut un trop
grand nombre de bras durant un temps
trop considérable, sur chaque point d'une
voie qu'on veut ouvrir à la navigation, pour
obtenir ce nombre de bras en soustrayant
les paysans à leurs travaux habituels, sans
aucune rétribution.

Avant la révolution, lorsqu'on répa-
rait les routes par corvée, les intendants

des provinces faisaient exécuter ces opérations avec tout le luxe d'un travail qui
ne coûtait rien au trésor public.

Ainsi, dans la Champagne, pour entretenir 609 lieues de routes, en 1777,
la corvée, établie seulement sur le pied
d'un franc par journée d'homme, et de
4 francs pour deux chevaux avec un con-
ducteur, aurait exigé la somme de deux
millions quatre cent mille francs.

Le travail annuel des routes neuves
exécuté par corvée, dans la même province, équivalait à 100,000 fr. Par conséquent la corvée équivalait à 2,500,000 fr.,
sans compter les travaux d'art, et le paie-
ment pour la conduite des ateliers, pour
les ingénieurs, etc.

Actuellement, il faudrait tiercer le prix
des hommes et doubler celui des attelages:
ce qui demanderait 4,718,000 fr. pour
l'ancienne Champagne.

Sans doute, les corvées sont un mode
fort dispendieux. Néanmoins il faudrait

encore aujourd'hui 1,600,000 francs, afin
de tenir en bon état les routes de la Champagne : dépense bien supérieure à la somme fournie par le trésor de l'État, pour
cette espèce de travaux.

Lorsque le gouvernement abolit la corvée, peu de temps avant la révolution, il
aurait dû la remplacer immédiatement
par un impôt spécial, suffisant pour payer
la quantité de travail que représentait la
prestation en nature. L'on négligea cette
précaution, et l'on ne fit point, sur le trésor public, des fonds suffisants pour l'entretien de nos routes. Celles qui sont con-
struites par empierrement n'ont pas été,
chaque année, rechargées avec une quantité de matériaux qui représentât la con-
sommation produite par le roulage et par
les intempéries des saisons. Elles ont
diminué d'épaisseur, et demanderaient
maintenant des sommes considérables
pour être restaurées à fond. Ces dépenses
sont telles, dit M. Brisson, qu'il est à

craindre qu'elles ne s'effectuent jamais.
Nous avouons qu'il nous est impossible
de partager cette crainte, pour un ave-
nir même assez prochain; mais ce n'est
pas ici le lieu d'exposer les motifs de
notre espérance.

Il est une considération importante: les
matériaux propres à l'entretien des routes
s'épuisent graduellement, par cet entretien même, au voisinage de ces voies de
communication. Il faut aller chercher ces
matériaux à des distances de plus en plus
considérables : ce qui rend l'entretien de
plus en plus dispendieux. Chaque année
on ajoute quelque chose à l'étendue des
routes par des constructions nouvelles,
sans qu'on augmente en proportion les
sommes nécessaires pour les tenir en bon
état.

Tandis que les moyens de conservation
sont diminués de la sorte, depuis quarante
ans, le commerce a pris une extension
considérable sur tous les points du terri-

toire, par des effets variés, nombreux et
puissants, tels que l'accroissement de la
population, les développements de l'in-
dustrie, la suppression des douanes inté-
rieures; enfin, par cette activité nouvelle qui
caractérise les habitants de la France, par
le désir d'améliorer, de plus en plus, leur
condition, et de se procurer, de conserver, d'accroître un bien-être dont ils n'a-
vaient pas l'idée dans le siècle dernier.

Un bon système de navigation intérieure serait un puissant auxiliaire; il
1 endrait bien moins nécessaire l'emploi
de sommes considérables pour l'entretien
des routes. La navigation, qui permet
d'exécuter les transports avec beaucoup
plus d'économie que le roulage, procure
des péages dont le produit paie, à titre
de revenu, les frais de construction, et
suffit en outre aux dépenses d'entretien.

On a conçu la pensée de former un
système général de navigation, dans lequel on indiquerait les directions les plus

avantageuses des divers canaux qu'il est
utile d'ouvrir sur notre territoire. M. le
Directeur général des ponts et chaussées
a fait exécuter un travail de ce genre par
M. Dutens, l'un des inspecteurs division-
naires de ce corps savant : c'est un travail du même genre que M. Brisson sou-
met à l'Académie. Nous n'établirons point
de parallèle entre ces deux ouvrages. Nous
nous contenterons de rendre pleine jus-
tice aux vues saines et aux bons principes
présentés par M. Dutens, dont plusieurs
ouvrages se trouvent entre les mains du
public, et qu'on a distingués pour les
sages notions d'économie politique dont
ils offrent l'application.

M. Brisson s'est occupé du système
général de navigation intérieure ; son travail se fait remarquer par un grand nombre de tracés et de déterminations im-
portantes qui lui sont propres et que nous
aurons soin de signaler.

L'auteur présente quelques considérations préliminaires sur la dépense des eaux dans les canaux à point de partage. Pour la descente des bateaux, cette dépense est égale à la dépense d'une éclusée moins le volume du fluide déplacé par le bateau ; dans la montée, elle est égale à la dépense d'une éclusée plus le volume du fluide déplacé par le bateau. Mais le volume d'eau que contient un sas d'écluse est équivalent à plusieurs fois celui de l'eau déplacée par les bateaux qui passent dans cette écluse. Par conséquent, il faut faire descendre un poids d'eau beaucoup plus considérable que le poids du bateau qu'on élève; ce qui produit une grande dépense de fluide, à laquelle s'ajoutent toutes les eaux que font perdre les filtrations souterraines , l'évaporation, l'échappement par les joints des portes d'écluse, etc.

Si les eaux qui servent pour alimenter les canaux ont une valeur industrielle, il faut compter soigneusement cette valeur dans l'estimation de la dépense, et calculer leur volume avec exactitude.

C'est ce qu'ont fait : pour le cas d'un seul bateau qui monte ou qui descend, feu M. Ducros; et, pour le cas d'un convoi de bateaux qui montent ou qui descendent, notre confrère M. de Prony.

En Angleterre et dans la Belgique, on emploie quelquefois des machines à vapeur, afin de remonter les eaux descendues pour opérer le service de la navigation par des écluses. Mais un tel moyen ne peut être profitable que dans les localités où l'on trouve à la fois les eaux chères et le combustible à bon marché. De pareilles localités sont très-rares en France, où ce moyen ne peut par conséquent être considéré que comme une exception peu fréquente. Reste donc le système général des canaux à point de partage, alimentés par des rigoles ou des canaux de dérivation, alimentés eux-mêmes par les rivières et par les fleuves qu'ils dérivent.

Au sujet des canaux à point de partage, M. Brisson rappelle un mémoire
plein d'intérêt qu'il a fait avec M. Dupuis-
Torcy, comme lui ancien élève de l'école
Polytèchnique, et l'un des trente sujets les
plus distingués qui furent instruits à l'é-
cole préparatoire, lors de la première in-
stitution : élèves parmi lesquels on compte
un grand nombre de savants du premier ordre. Dans ce travail, qui présente
des applications ingénieuses de la géomé-
trie descriptive, les auteurs divisent la
surface de la terre par des limites supérieures qu'ils appellent *lignes de faîte*.
Ces lignes passent par les points les plus
élevés qui séparent les divers bassins : de
telle sorte, qu'à droite d'une ligne de
faîte, toutes les eaux pluviales coulent
naturellement à droite, et qu'à gauche
de la même ligne, toutes les eaux pluviales coulent naturellement à gauche.
Une seconde limite du territoire est formée par les lignes de *thalweg*, qu'on

pourrait appeler, en France, *lès lignes
de fond.* Ce sont les lignes où, dans chaque vallée, viennent se réunir naturellement les eaux pluviales des versants op-
posés, et qui sont formées par la suite
des points les plus bas de chaque vallée,
dans le sens longitudinal.

Si l'on revient aux lignes de faîte, l'on
verra que pour communiquer d'un bassin dans un autre, les points de partage (1)
des canaux seront en général situés sur la
ligne de faîte, et placés le plus avantageusement possible quand ils se trouveront
au point le plus bas de cette ligne. Cette
propriété réduit à la recherche mathémati-
que de points isolés et facilement saisis-
sables, la recherche des points les plus

---

(1) On appelle *point de partage,* le point le plus
élevé qui, le long d'un canal, sépare une montée d'une
descente. Le bief de partage est la partie la plus élevée
du canal, qui se trouve horizontale. On prend pour
point de partage le milieu de la longueur de ce bief.

importants des canaux, qui sont les points
de partage. Le mémoire où ces considérations sont exposées, a mérité l'approbation de la première classe de l'Institut,
en 1802; il se trouve imprimé dans le
14e volume du Journal de l'École Poly-
technique.

M. Brisson divise en trois classes le
système général de navigation intérieure :

Les canaux de la première classe com-
prennent ceux qui partent de la capitale
pour aboutir aux points extrêmes où le
commerce a le plus d'importance sur nos
frontières, et les grandes lignes de navigation qui traversent beaucoup de départements. C'est, dit-il, ce qu'on peut
regarder comme les principales artères
du royaume, sur lesquelles viendront
s'embrancher les communications secondaires. Il adopte pour ces canaux les dimensions suivantes :

Hauteur d'eau........... $1^{mèt.}$ 60
Longueur des sas d'écluse. 32　　50
Largeur............... 5　　20

Ces dimensions appartiennent à nos canaux les plus importants.

L'auteur ne juge convenable de faire d'exception que pour le canal qu'on doit ouvrir de l'embouchure de la Seine à Paris, afin de faire arriver des bâtiments de mer jusqu'à la capitale du royaume. Mais, dit-il, comme cette communication est seule dans ce cas, nous la considérerons comme une exception, et nous n'en ferons pas une classe particulière.

Les canaux de seconde classe sont destinés spécialement, soit au débouché des produits d'une province ou d'une contrée, soit à la communication d'un petit nombre de départements. Ces canaux doivent se rattacher à ceux de première classe, et conserver la même hauteur d'eau. L'auteur propose de donner aux sas des écluses la moitié de la longueur et la moitié de la largeur, ou plus exactement 16$^{\text{mèt.}}$ 5o de longueur et 2$^{\text{mèt.}}$ 60

2.

de largeur. Par ce moyen, dit-il, quatre bateaux du second ordre, accouplés deux à deux, pourront tenir dans le sas d'un canal de premier ordre, sans perte de superficie ni de tirant d'eau.

Il faudra seulement, sur un petit nombre de canaux destinés au passage des bois de mâture et des grandes pièces propres aux constructions navales, donner aux écluses des canaux de seconde classe, la même longueur qu'à celles des canaux de première classe, et moitié de largeur.

Les canaux de troisième classe recevront des bateaux de 10 à 12 tonneaux seulement, pour quelques exploitations particulières ou pour le débouché de contrées moins étendues et moins riches que celles qui nécessitent des canaux de seconde classe.

Quant aux canaux de la troisième classe, on pourra remplacer avec avantage leurs écluses par des plans inclinés,

garnis d'ornières ou de voies en fonte.
Cette substitution permettra de franchir
des pentes étendues qui rendraient trop
dispendieux l'emploi des écluses et trop
lente la marche des bateaux.

L'auteur traite successivement des canaux de la première et de la seconde
classe. Quant à ceux de la troisième,
ils ne peuvent, dit-il, être conçus et pro-
jetés qu'au fur et à mesure du développement des besoins locaux et des inté-
rêts particuliers qu'ils doivent spécialement servir.

Les canaux de première classe présentent quatorze lignes de navigation essentiellement distinctes : nous allons les parcourir.

I. La *première ligne* s'étend de Paris
au Havre.

M. Brisson se contente de l'indiquer,
en demandant qu'elle soit navigable pour
des bâtiments de mer ayant 12 mètres
de largeur sur 4 mèt. de tirant d'eau. Les

personnes qui connaissent les proportions
des navires savent que les bâtiments de
commerce ayant 12 mèt. de largeur, doivent avoir un tirant d'eau qui ne soit
guère inférieur à 5 mètres. Par conséquent, c'est la profondeur qu'il convient
de donner à ce canal, sur lequel M. Brisson s'abstient d'entrer dans aucun dé-
tail, parce qu'il considère ce travail comme
une exception dans l'ordre de ses travaux.

. II. La *seconde ligne* de navigation met
en communication Paris et la Belgique.
Cette ligne est ouverte par la Seine,
l'Oise, le canal de Crozat qui joint l'Oise
à la Somme, et le canal de St.-Quentin
qui joint la Somme à l'Escaut, principal
fleuve de la Belgique. On travaille au
perfectionnement du canal de St.-Quen-
tin ; on restaure le canal de Crozat, dont
les ouvrages ont presque un siècle d'exis-
tence, et qu'on a long-temps mal entre-
tenus. On ouvre un canal latéral à l'Oise,

depuis Chauny jusqu'à l'embouchure
de l'Aisne, pour suppléer à la navigation souvent pénible dans cette partie de
l'Oise qu'on longe parallèlement. La partie inférieure de l'Oise sera perfectionnée
par sept barrages accompagnés d'écluses
à sas, auxquelles on travaille.

M. Brisson se contente de mentionner
les canaux de St.-Denis et de St.-Martin,
alimentés par les eaux qu'amène le canal
de l'Ourcq au bassin de la Villette, et
qui mettent en communication les deux
parties de la Seine au-dessus et au-dessous
de Paris. On a projeté d'ouvrir un canal
de St.-Denis à Pontoise, pour éviter les
grandes sinuosités de la Seine, jusqu'à
l'embouchure de l'Oise. Ce canal, en
partant de St.-Denis, se dirigerait à droite
de la route qui mène à Pontoise, cou-
perait la ligne de faîte entre la Seine et
l'Oise, dans les bois du Plessis-Bouchart.
On mettrait le bief de partage à 15 mètres au-dessous du faîte, pour n'être plus

qu'à 30 mètres au-dessus de l'Oise et
qu'à 23 au-dessus de l'avant-dernier bief
du canal de la Villette, à St.-Denis. Ce
canal aurait 24 kilomètres de longueur;
on l'alimenterait par deux rigoles, l'une re-
cueillant les sources qui coulent à l'ouest
de la forêt de Montmorency; l'autre re-
cueillant celles qui coulent au midi, et
se prolongeant pour recevoir les eaux
des ruisseaux de Sarcelles et de Gonesse.
Mais ces eaux ont une si grande valeur
par leur utilité industrielle auprès de la
capitale, et par le prix qu'elles donnent
à des habitations de luxe, qu'elles se-
raient probablement d'une acquisition
trop dispendieuse pour les consacrer à la
navigation. D'après ces considérations,
il vaudrait mieux remplacer le canal par
un chemin de fer.

Au lieu de la ligne que nous venons
d'indiquer, et qui coûterait 3,750,000 fr.,
on pourrait ouvrir un canal de 8 kilomètres de longueur entre la Seine au-des-

sous d'Argenteuil, pour aller déboucher dans le même fleuve au-dessus de Maisons, entre Sartrouville et Lafrette. C'est, à peu de chose près, la direction d'une des grandes coupures que présentent les projets du canal maritime de la Seine. Dans le système que propose l'auteur du travail dont nous rendons compte, au lieu d'une coupure à ciel ouvert, on pratiquerait un simple souterrain de 3,000 mètres.

III. La *troisième ligne* principale de navigation s'étend de Paris à Strasbourg : elle est le prolongement naturel du canal maritime de la Seine : cette ligne est devenue, pour M. Brisson, l'objet d'une étude spéciale entreprise au nom d'une compagnie. L'auteur donne des détails assez étendus sur cette étude d'une voie commerciale qui mettrait en communication l'Allemagne centrale et les départements de l'Ouest avec la capitale du royaume. Voici le tracé qu'il indique :

on ouvre latéralement à la Marne un canal presque partout établi sur la rive
gauche de cette rivière; on évite quelques grands détours, par des souterrains
longs en tout de 3,100 mètres, au-dessous
et au-dessus de Meaux. On passe à Châ-
teau-Thierry, à Dormans, à Épernay, à
Jallons; on franchit la rivière; on passe
sur la rive droite à Châlons, chef-lieu
du département de la Marne, puis à
Vitry-le-Français. On quitte, à partir de
Vitry, la vallée de la Marne, afin de
suivre la rive gauche de la Saux qu'on
traverse à Estrepy pour atteindre la rive
gauche de l'Ornain : au-dessous de Bar
on franchit l'Ornain. La ville de Bar force
le canal à se rejeter sur la rive droite;
mais on regagne ensuite la gauche jusqu'à Naix. A une lieue et demie au-dessus
de Ligny, on s'élève au point de partage
entre le bassin de la Seine et de la Marne
et le bassin de la Meuse, au sommet
d'un vallon dont les eaux descendent

dans l'Ornain, à Naix. Depuis l'origine du canal jusqu'à ce faîte, la distance est de 302 kilomèt., et la montée de 256 mèt. 76.

Au-delà de la ligne de faîte qui passe au sommet de ce vallon, les eaux descendent à la Meuse. On ne montera pas jusqu'à cette ligne de faîte ; un souterrain de 5,140 mètres permettra de se tenir beaucoup au-dessous de cette limite. On alimentera le bief de partage au moyen des ruisseaux voisins et d'une dérivation de l'Ornain, par une rigole de 13 kilomètres, dont 4 en souterrain.

En descendant du bief de partage vers la Meuse, on atteint le vallon de la Méole ; on vient gagner auprès de Void la rive gauche de la Meuse qu'on longe parallèlement ; puis, qu'on traverse au-dessous de Troussey, sur un pont-aquéduc. Le canal passe ensuite par un souterrain de 700 mètres, sous la ligne de faîte qui sépare le bassin de la Meuse et le bassin de la Moselle, dans lequel on

3

débouche par le vallon de l'Ingressin, dont les eaux tombent dans la Moselle. On arrive à Toul, on remonte la rive gauche de la Moselle; on franchit cette rivière, sur un pont-aquéduc, à 3 kilo mètres au-dessus de Liverdun.

Le canal passe de la rive droite de la Moselle à la rive gauche de la Meurthe. La distance des points de partage entre la Meurthe et l'Ornain d'une part, entre la Moselle et la Meurthe de l'autre, est de 57 kilomètres qu'on parcourt en descendant de $84^{mèt.}$, 30.

Le canal passe à Nancy, gagne la rive droite de la Meurthe à deux lieues et demie au-dessus de cette ville, remonte la vallée du Fanon, jusqu'à la ligne de faîte qui sépare les bassins de la Moselle et de la Sarre; traverse la vallée de la Sarre; puis franchit, par une coupure peu profonde, un faîte secondaire qui sépare le vallon de la Sarre et celui de la Bièvre; gagne ensuite la ligne de faîte qui sépare

le bassin de la Sarre et le bassin du Rhin,
en descendant par la vallée de la Zorn.
Ce dernier passage s'opère par un souterrain de 2,960 mètres de longueur. Le
bief de partage qui vient aboutir à Erschwiller aura 30 kilomètres d'étendue, avec
une abondante alimentation par les cours
d'eau qu'il rencontre, et de courtes rigoles, peu dispendieuses. De Frouard à
ce nouveau point de partage: longueur du
canal, 66 kilomètres; montée, 69$^{\text{mèt.}}$ 50. Le
canal longera la Zorn en passant à Saverne
et à Brumath, puis, tournant au sud, descendra jusqu'à Strasbourg, dans la rivière
d'Ill. Du point de partage d'Erschwiller
à Strasbourg: longueur, 164 kilom.; descente, 129 mèt. Longueur totale entre
Paris et Strasbourg, 519 kilomètres, dont
11,900 mètres en souterrain; somme des
pentes à racheter par des écluses, 539$^{\text{mèt.}}$ 56;
dépenses calculées, 67,500,000 francs.

Cette magnifique étude, exécutée par
M. Brisson et par six ingénieurs distin-

gués; MM. Polonceau, Duleau, Tour-
neux, Mangin, Jacquiné et Husson, fait
un grand honneur à ses auteurs.

Avant d'aller plus loin, il me semble
nécessaire d'expliquer un mode de notation que j'ai conçu, pour exprimer les dimensions longitudinales combinées d'une
part avec les montées, de l'autre avec les
descentes des canaux : l'ensemble de ces
données, pour le canal de Paris à Strasbourg, en partant de Paris, est com-
plètement exprimé de la manière suivante :

$$302 \,^{256,\,76} + 57 \,_{84,\,30} + 66 \,^{69,\,50} + 164 \,_{129}.$$

Les chiffres intermédiaires expriment
des *kilomètres* courants de distances longitudinales du canal; les chiffres écrits
au-dessus de ceux-ci désignent, *en mètres
et fractions de mètre*, les pentes ascendantes; les chiffres écrits au-dessous
désignent de même, *en mètres et fractions de mètre*, les pentes descendantes.

Par conséquent, la courte formule :

$$Paris\ 302^{256,\ 76} + 57_{84,\ 30} + 66^{69,\ 50}$$
$$+ 164_{129}\ Strasbourg;$$

veut dire que le canal de Paris à Strasbourg, à partir de Paris, dans une longueur de 302 kilomètres, monte de
$256^{mèt}$, 76; puis, dans une longueur de
57 kilomètres, descend de $84^{mèt}$ 30; puis,
dans une longueur de 66 kilomèt., monte
de $69^{mèt}$, 50; puis, enfin, dans une longueur de 164 kilomètres, descend de 129
mètres, pour arriver à Strasbourg. Au
moyen de la notation que nous propo-
sons, nous allons éviter de longues et
fastidieuses répétitions de chiffres et de
paroles, qu'il faudrait entremêler de la
manière la plus aride.

IV. La *quatrième ligne* du premier ordre s'étend de *Paris à Marseille*, et s'é-
tablira par la Seine, l'Yonne, le canal de
Bourgogne allant de l'Yonne à la Saône;
la Saône, le Rhône et le canal qu'il convient d'ouvrir pour communiquer du

3.

Rhône à Marseille. Il faut perfectionner la navigation de l'Yonne, depuis Montereau jusqu'à Brinon. On étudie ce travail; on exécute le canal de Bourgogne, qui présente, sur 249 kilomèt. de longueur, 492 mèt. de pente à racheter par des écluses. Le point de partage de ce canal est très-élevé, quoiqu'on l'ait abaissé par un souterrain de 3,000 mètres de longueur. La navigation de la Saône a besoin d'être perfectionnée; celle du Rhône a de grandes difficultés, surtout pour remonter ce fleuve célèbre à cause de sa rapidité. M. Cavennes, inspecteur divisionnaire des ponts et chaussées, secondé par MM. Kermaingant, Montluisant, Bouvier, Vinard, Livache, Letocart et Caristie, a fait l'étude d'un canal latéral au Rhône, depuis Arles jusqu'à Lyon. Ce canal aurait de longueur 280 kilomètres sur 161 mètres de pente : il devrait franchir, par des ponts-aquéducs, l'Isère, la Drôme et la Durance. Il coûterait 35,500,000 francs.

D'Arles au port de Bouc, on exécute un canal, afin d'éviter de naviguer sur le Rhône, qui présente des difficultés et des dangers à son embouchure. On a projeté plusieurs lignes à suivre pour aller du Rhône à Marseille. Les uns voudraient partir de Tarascon, d'autres voudraient partir des environs du port de Bouc, en exécutant un grand canal d'arrosage, dérivé de la Durance, sur le territoire de Jouques.

M. Brisson indique la ligne qu'il faudrait suivre, selon lui, pour aller du port de Bouc à Marseille. Il pense qu'en faisant un souterrain de 5,000 mètres de longueur à l'endroit où sera le point de partage, on n'aurait pas plus de 180 mètres pour somme des pentes à racheter par des écluses. La longueur totale du canal serait de 47 kilomètres, et la dépense de 13,100,000 francs.

V. La *cinquième ligne* de première classe va de Paris à la Loire supérieure, et sert pour conduire à Paris tous les produits du centre de la France. Elle est établie maintenant par la Seine, le canal de Montargis et celui de Briare. On s'occupe d'un canal latéral à la Loire pour obvier aux graves difficultés que présente la navigation de ce fleuve. Expression du canal : *Briare* 195 [101] *Digoin.* La configuration des terrains oblige à se tenir sur la rive gauche de la Loire. Il faudrait prolonger ce canal depuis Digoin jusqu'à Roanne, à 55 [56] : ces travaux coûteraient 6,150,000 fr.

VI. La *sixième ligne* va de *Paris à Bordeaux*, et n'est jusqu'à ce moment qu'une conception idéale. Un canal direct irait de Paris à la Loire-Inférieure auprès de Tours. On naviguerait dans la Loire; puis on remonterait parallèlement à la Vienne et au Clain. On passerait dans la vallée de la Charente; ensuite on gagnerait la Dordogne pour descendre à Bordeaux.

L'auteur de l'Essai présente des consi-

dérations intéressantes sur la configuration du territoire et sur la ligne de faîte
qui se trouve entre Paris et la Loire inférieure. Il fait voir qu'on ne doit point,
si l'on veut communiquer par une navigation très-active, de Paris à cette partie
du fleuve, prendre pour point de partage l'endroit le plus bas de la ligne de
faîte qui sépare les deux fleuves, et qui se
trouve à peu de distance d'Orléans.

A la rigueur, on peut faire un canal
ayant 112 kilomèt. de longueur et prenant
son point de partage à 4 lieues au N.-O.
d'Orléans. Ce point serait de 24 mètres au-
dessus de la Loire, et de 58 mètres au-dessus de la Seine, à l'embouchure de l'Es-
sone à Corbeil (1).

M. Brisson préfère un autre tracé. Il

(1) Ici l'auteur ne donne pas la longueur de la
ligne ascendante ni celle de la partie descendante du
canal. Dans ce cas, nous exprimons ainsi les données
qu'il fournit: *La Seine, à Corbeil* 58 112 24 *la Loire.*

prend son point de partage entre Chartres et Bonneval, un peu au-dessus de Thivars; il y conduit les eaux des parties supérieures du Loir et de l'Eure; il suit une ligne de niveau, dans la Beauce, pour gagner le sommet d'un des petits affluents de la Seine, au-dessus de Paris: l'Orge, par exemple; ce qui permet de descendre à la Seine au-dessous de Juvisy. Une branche de canal partirait du point de partage et descendrait vers l'Eure; la branche principale gagnerait la vallée du Loir : de la Seine à ce point de partage, il y a 109 $_{120}$.

On pourra rendre facilement le Loir navigable jusqu'à Vaas, où commence la navigation actuelle ; ce qui nécessitera l'ouverture de 190 $_{105}$ de canal. On essaiera de joindre le Loir à la Loire par un canal qui se rapproche de l'embouchure de la Vienne dans ce fleuve, et M. Brisson en donne le moyen. Cette ligne raccourcie exigerait un souterrain de 3,000 mètres, sous Charmay. Du Loir à la Loire, le canal aurait ^{22} 47 $_{20}$. Cette ligne de navigation de Paris à la Loire (1), près de l'embouchure de la Vienne, aurait 346 kilomèt. de longueur, dont 176 en lit de rivière à rendre navigable, et 3 en souterrain ; 177 mètres de hauteur à franchir ; 79 kilomèt. de rigoles pour alimenter deux points de partage, y compris un kilomètre et demi de souterrain. Une ramification de canaux secondaires favoriserait les départements de l'Eure, de l'Orne, de la Sarthe et de Maine-et-Loire.

La seconde partie de la ligne de navigation qu'on vient d'indiquer irait de la Loire à Bordeaux. On remonterait la Vienne, ainsi que nous l'avons dit ; on naviguerait dans un canal latéral à la Creuse, pour descendre ensuite à la Charente et gagner la Dordogne ; le canal reviendrait ensuite à

_____

(1) Expression totale du canal de Paris à la Loire : *Paris* 109 ^{120} + 190 $_{105}$ + ^{22} 47 $_{20}$ *la Loire non loin de la Vienne.*

la rive droite de la Charente qu'il joindrait au-dessous d'Angoulême, quitterait cette rivière à Monac pour se diriger sur la rive gauche, s'en détacher, et passer par un souterrain de 3,000 mètres à l'ouest de Jurignac. Après avoir gagné différentes vallées, par des coupures à ciel ouvert, on devrait franchir un second souterrain de 2,000 mètres de longueur.

D'après les projets de M. Brisson, de la Loire à la Dordogne, il faut pratiquer 333 kilomèt. de canal à ciel ouvert, et 6 $\frac{1}{2}$ kilomèt. en souterrain. La totalité des hauteurs à franchir par des écluses, soit en montée, soit en descente, est de 409 mètres. Enfin la longueur des rigoles, pour l'alimentation des points de partage, est de 135 kilomètres, y compris 200 mètres en galerie souterraine (1).

_____

(1) *Embouchure de la Creuse:* 102 ^{107} $+$ 9 $_{25}$ *Charente latéral* 109 $_{105}$ $+$ *Charente jusqu'à Monac* $+$ 32 ^{72} $+$ 87 $_{95}$. Longueur totale 339; pentes 40.

Une coupure de 8 kilomètres de longueur ferait communiquer immédiatement de la Dordogne à la Garonne.

Cette entreprise coûterait : 1° de Paris
à la Loire, 40,572,000 fr. ; 2° de la Loire
à la Dordogne, 49,456,000 fr. ; 3° de la
Dordogne à la Garonne, 960,000 fr.

VII. La *septième ligne* de navigation de
première classe n'est, à proprement parler, qu'un embranchement de la sixième;
elle conduirait depuis la voie navigable
à partir de Vivonne jusqu'à La Rochelle:
Vivonne est à 5 lieues au-dessus de Poi-
tiers, sur le Clain. Pour gagner la Sèvre-
Niortaise, il sera nécessaire de percer un
souterrain long de 6,000 mètr., entre le
vallon de Soudan et celui de St.-Genier.
On arrivera à Niort parallèlement à la
Sèvre, dans laquelle on naviguera jusqu'à
Marans. De la Sèvre Niortaise, on gagnera
La Rochelle par ce canal qui maintenant
est en exécution. Expression du canal :

4

Vivonne 28 ^{60} + 42 $_{130}$ *Niort.* Dépense, 17,460,000 fr.

VIII. La *huitième ligne* de navigation va de *Paris à Nantes et à Brest.* On arrivera jusqu'à Nantes par la voie navigable proposée depuis Paris jusqu'à la Loire inférieure, vis-à-vis l'embouchure de la Vienne, et ensuite par la Loire.

On a proposé d'ouvrir un canal latéral à la Loire, depuis Roanne jusqu'à Nantes; d'autres personnes ont proposé d'améliorer le lit de la rivière par des retenues qu'on ferait agir en été. Il faut diminuer le nombre des bras de la Loire, au-dessous de Nantes, pour procurer aux bâtiments de mer un chenal présentant quatre mètres de hauteur, lors des marées de morte eau, depuis l'embouchure jusqu'à cette ville. On exécute maintenant la voie navigable qui doit conduire de Nantes à Brest.

IX. La *neuvième ligne* de navigation s'étend *de Bordeaux et de Bayonne à Marseille.* Déja l'on peut aller de Bordeaux à Toulouse par la Garonne. Mais cette navigation est bien imparfaite : elle réclame de promptes améliorations, et peut-être même l'adoption d'un système de canaux latéraux. L'auteur de l'Essai juge indispensable d'adopter ce dernier moyen, depuis Toulouse jusqu'à l'embouchure du Tarn. On a proposé de faire passer ce canal par Moissac et Montauban : ce qui dispenserait d'un point de partage, et serait avantageux pour cette ville grande et industrieuse. Le canal dont nous parlons aurait de 60 à 80 kilomètres seulement de longueur, pour une descente de 55 mètres : il coûterait 8,520,000 francs.

On communiquera de Bayonne à Toulouse, ainsi qu'à Bordeaux, par l'Adour, et, par ce canal, avec percement de souterrain, pour passer du bassin de l'Adour au bassin de la Garonne. On atteindra ce dernier fleuve entre Aiguillon et Port-Sainte-Marie. Les ingénieurs ont fait cette étude qui présente l'avantage d'une double communication entre Bordeaux et Bayonne : la dépense est évaluée à 18 millions.

De Toulouse à Marseille la communication navigable est établie par le canal du Midi, par celui des Étangs et celui de Beaucaire; elle se terminera par un canal joignant le Rhône à Marseille, qui n'est encore qu'en projet.

X. La *dixième ligne*, qui conduit *de Marseille à Strasbourg*, suivrait la ligne de Marseille à Paris jusqu'à Lyon, remonterait la Saône jusqu'au-dessus de St-Jean-de-Losne, où commence le canal de Dôle, puis le Doubs et le canal qui joint cette rivière à l'Ill et se rend auprès de Strasbourg, pour déboucher dans le Rhin. Cette entreprise est déja très-avancée et bien connue sous le nom de *canal Monsieur*.

XI. La *onzième ligne* de navigation est celle qui ferait communiquer Bordeaux avec Huningue ou Bâle, en traversant le

royaume, du S. O. au N. E. Voici comment M. Brisson conçoit la communication du premier ordre qu'on pourrait établir dans cette direction. On remonterait
la vallée de la Dordogne. On passerait
dans celle du Sioulet, ruisseau qui coule
à l'ouest du mont Dor et descend dans
l'Allier, qu'on longerait pour arriver à
la Loire, la franchir et passer dans le canal du Centre qui débouche de la Saône
à Châlons. On remonterait ensuite par le
canal de Monsieur jusqu'à Mulhausen;
on y trouverait la branche de canal qui
joint Huningue et Bâle. L'auteur présente
des développements étendus sur cette
grande communication qui n'existe pas
encore, même en projet. On pourra
naviguer de Bordeaux à la Dordogne
par une coupure faite jusqu'à Libourne.
On remontera la Dordogne jusqu'au point
où elle cesse d'être navigable. On admet
que ce point ne s'élève pas plus haut que
Limeuil, à l'embouchure de la Vézère.

4.

On remontera par un canal latéral, en longeant la rive droite de la Gironde jusqu'à l'embouchure de la Chavanoux, à quatre lieues au nord de Bort.

M. Brisson indique les divers points dont il est essentiel de faire l'étude, à partir de la Dordogne pour arriver jusqu'au faîte qui se trouve à l'ouest du village de Verungeot, en s'abaissant au-dessous de la ligne de faîte qui sépare le bassin de la Dordogne et celui de la Loire. On franchira cette ligne, au moyen d'un souterrain long de 2,500 mètres. Un développement de rigoles, ayant 61 kilomètres, servira pour alimenter le point de partage, et réunira les eaux de douze lieues carrées.

Depuis la Vézère jusqu'au point de partage, le canal aura 261[369]. On sera forcé, dans plusieurs endroits très-resserrés, de passer en rivière au moyen de barrages et d'écluses submersibles, comme on l'a pratiqué sur le Doubs. Il en sera de

même en descendant au-delà du point de
partage dans la vallée du Sioulet, qui débouche dans celle de la Sioule. Au lieu
de suivre ces cours d'eau jusqu'à leur
embouchure à l'Allier, et de remonter
jusqu'à Digoin, l'on peut abréger la ligne
de navigation d'environ trente lieues, et
voici comment : on longera la Sioule jusqu'à deux lieues au-dessous d'Ébreuil,
pour se soutenir sur le coteau à droite de
la Sioule, et passer dans le vallon de la rivière d'Andeloz, qu'on traversera et qu'on
longera parallèlement, jusqu'à l'Allier.
Cours du canal, depuis le point de partage jusqu'à l'Allier, 116 $_{74}$. On franchit
l'Allier ; on remonte parallèlement à la
rive gauche du Valaçon lequel passe à
Varennes. On fixe ensuite un nouveau
point de partage et, s'il le faut, un souterrain de 1000 mètres de longueur, pour
déboucher dans la vallée de la Bèbre qu'on
longera sur la rive gauche et qu'on franchira pour joindre le canal latéral à la

Loire remontant jusqu'à Digoin. Avec
ces perfectionnements, pour communiquer de Bordeaux à la haute Loire, il faudra suivre un canal de 425 kilomèt. dont
2600 mèt. en souterrain, en montant et
descendant d'une hauteur totale de 600
mèt. Enfin, la longueur totale des rigoles
pour l'alimentation des points de partage,
sera de 161 kilomètres. De la Dordogne
à la Loire, le canal coûtera 56,902,000 fr.

Si l'on jugeait trop difficile ou trop
dispendieuse la partie du canal qui se
trouve aux deux principaux points de
partage entre la Dordogne et le Sioulet,
on pourrait construire une route en fer
dans cette partie, et ne faire commencer
le canal qu'après avoir obtenu, des deux
côtés du point de partage, un abaissement
considérable.

M. Brisson indique l'ouverture d'une
nouvelle branche de canal, depuis Cha-
gny jusqu'à la Saône, aux environs de
Verdun; cette branche, qui coûterait

3,762,000 fr., épargnerait cinq lieues sur le détour qu'on doit faire en passant par Châlons, pour remonter la Saône jusqu'à Verdun. Le reste de la communication, pour atteindre le Rhône, rentre dans les parties déja décrites.

XII. Une *douzième ligne* principale de navigation irait de *Huningue à Nantes.* On suivrait les lignes déja décrites depuis le Rhin jusqu'au canal de Bourgogne, à deux lieues au-dessus de Joigny. M. Brisson voudrait ensuite qu'on unît le canal de Bourgogne et le canal d'Orléans par un canal à point de partage. D'Orléans à Nantes on rentre dans les lignes de navigation déja décrites. On épargnerait de la sorte 16 lieues de détour qu'il faudrait faire en descendant l'Yonne et la Seine jusqu'à l'embouchure du canal de Loing, et toute la longueur de ce canal.

L'auteur donne quelques détails sur le nouveau canal, qu'il ferait partir de l'embouchure du Vrin, auprès de

Chesy , en remontant la rive gauche
du Vrin jusqu'à Scepaux ; puis, péné-
trant dans une gorge à l'ouest de Saint-
Romain, pour gagner le bief de partage,
lequel déboucherait dans la partie supérieure du ruisseau de Chevillon. Le
canal descendra par la droite du Chevillon, puis de la rivière d'Ouanne, puis
se dirigeant au-dessous de Saint Ger-
main, franchira le Loing pour déboucher au-dessus de Conflans, dans le
canal de Briare à Montargis. On descendra ce dernier canal jusqu'à l'embouchure de celui d'Orléans. Expression
du canal, depuis Joigny jusqu'à Conflans , $16^{36} + 36_{52}$; dépense présumée,
7,152,000 fr.

XIII. La *treizième ligne* de navigation
est celle de la Somme : elle est en partie
achevée et se trouve établie sur les
dimensions des canaux de première
classe.

XIV. La *quatorzième ligne* de navigation

comprend les canaux des départements du Pas-de-Calais et du Nord, qui forment la communication actuellement existante entre l'Aa, l'Escaut, la Lys, la Scarpe, et qui servent puissamment le commerce entre les cités des riches départements du Pas-de-Calais et du Nord. Cette partie du royaume, dit avec raison notre auteur, jouit d'un degré de richesse et d'activité tel que les canaux de dimensions secondaires ne suffiraient peut-être pas à ses besoins. Il remarque que les canaux de la treizième et de la quatorzième division existent pour la plupart; on a projeté et même entrepris ce qui reste à faire pour les compléter. Il indique les canaux qu'on devrait ouvrir, si la France possédait encore la Belgique et les départements de la rive gauche du Rhin. En supposant qu'il soit dans les destinées de la France de ne jamais posséder ces provinces, qui semblent une annexe si naturelle de notre territoire, espérons que les progrès de la civilisation permettront d'ouvrir, par le concert des gouvernemens, ces grandes lignes de navigation, de la même manière que si la séparation des États n'existait point. On servirait, de la sorte, le bien-être des deux nations limitrophes. Alors on pourrait ouvrir : 1º un canal du premier ordre entre Paris et la Meuse, par l'Oise, le Noirieu et la Sambre, ou par l'Aisne et la Bar; 2º un canal du Nord, projeté en 1808 et même commencé plus tard, pour joindre le Rhin à la Meuse et la Meuse à l'Escaut, entre Dusseldorf et Anvers.

Tel est l'ensemble des lignes de communication que leur importance et leur grande étendue font ranger parmi les canaux du premier ordre.

L'auteur de l'Essai sur la navigation intérieure passe ensuite aux voies navigables de seconde classe, dont les écluses ont moitié de la longueur et moitié de

la largeur qui convient aux écluses des
voies de première classe. Les bateaux
employés sur les canaux de seconde
classe seront pareillement sous-doubles,
quant à la longueur et quant à la largeur,
des dimensions correspondantes pour les
bateaux de première classe. Quoiqu'ils
aient même tirant d'eau, ils ne pourront
pas porter le quart du chargement des
bateaux de première classe. Par conséquent la dépense d'eau de chaque éclusée, proportionnellement au tonnage
des bateaux, sera plus grande, pour les
canaux de la seconde classe, que pour
ceux de la première.

Mais la perte de l'eau par l'évaporation, sera moins grande ; parce que ces
canaux présenteront à l'air une moindre
surface. Le fond des biefs ayant moins
de largeur se prêtera moins à l'infiltra-
tion, qui cause une dépense considérable.
Les portes d'écluse ayant moins de largeur, il sera plus facile de les fermer

5

exactement et de détruire une autre
cause de perte d'eau. D'après ces diverses considérations, on peut admettre
qu'il y aura compensation entre les éco-
nomies d'eau pour les canaux de seconde
classe, et la perte de tonnage résultant
des plus petites dimensions des bateaux.
Par conséquent, il faudra sensiblement
la même quantité d'eau pour le trans-
port des mêmes fardeaux à des hauteurs
égales, dans les canaux de première et
de deuxième classe.

L'auteur remarque avec raison que
les petits bateaux, exigeant moins de
temps pour être chargés et déchargés,
conviennent mieux aux courts voyages,
et que, dans la navigation des canaux,
des rivières et des mers, comme dans
les charrois par terre, le poids des char-
gements augmente généralement avec la
longueur des voyages. Ainsi, les canaux
de seconde classe devant servir pour une
circulation moins étendue, comportent

l'emploi de bateaux d'un moindre tonnage que les canaux de première classe,
et n'ont par conséquent pas besoin de
présenter une aussi grande section.

Pour opérer avec ordre, M. Brisson
divise la France en neuf régions.

La première région est comprise entre
la première et la seconde ligne navigable
de premier ordre, c'est-à-dire entre la
Seine et la ligne formée par l'Oise, le canal de St.-Quentin et l'Escaut.

La seconde région se trouve comprise
entre cette dernière ligne de première
classe et la ligne qui doit aller de Paris à
Strasbourg, laquelle suivrait la Marne et
l'Ornain, traverserait la Meuse, emprun-
terait une partie du cours de la Moselle
et du cours de la Meurthe, longerait le
Sanon, descendrait dans la Sarre et de là
gagnerait la Zorn, pour se rendre à Strasbourg dans le Rhin.

La troisième région sera comprise entre la seconde ligne qu'on vient d'indi-

quer, celle qui est formée par la Seine, l'Yonne, et le canal de Bourgogne jusqu'à son embouchure dans la Saône, appartenant à la quatrième ligne du premier ordre, et enfin par la dixième ligne du même ordre, allant de Marseille à Strasbourg, au moyen du canal qui joint la Saône au Rhin par le Doubs et l'Ill.

La quatrième région comprendra le vaste espace enfermé entre la quatrième ligne de premier ordre allant de Paris à l'embouchure du canal de Bourgogne dans la Saône, la sixième ligne allant de Paris à Bordeaux, et la onzième ligne allant de Bordeaux à l'embouchure du canal de Charollais dans la Saône.

La cinquième région sera formée des pays compris entre la sixième ligne jusqu'à la Loire, ce fleuve depuis Tours jusqu'à son embouchure, la Seine de Paris au Havre, et la mer.

La sixième région comprend le territoire qui se trouve entre la ligne de pre-

mier ordre n.° 11, de Bordeaux à l'embouchure du canal de Charollais dans la
Saône, la ligne n°9 formée de la Garonne
et du canal du midi jusqu'au Rhône, et le
Rhône jusqu'à la mer.

La septième région se composera des
pays situés à l'ouest de la sixième ligne
du premier ordre, de Tours à Bordeaux,
entre la Loire et la Garonne.

La huitième région comprend les pays
du midi de la neuvième ligne formée de
la Garonne et du canal du midi, depuis
l'Océan jusqu'à l'embouchure du Rhône.

La neuvième et dernière région comprend les pays qui se trouvent à l'est de
la dixième ligne de première classe,
depuis l'embouchure du Rhône jusqu'au
Rhin.

Le territoire de la première région
présente en général un sol de craie
d'une très-grande profondeur, à travers
laquelle l'eau filtre aisément et descend
jusqu'à ce qu'elle rencontre des couches

5.

d'une autre nature, qui puissent l'arrêter. Aussi voit-on, sur les cartes géogra-
phiques de cette partie du royaume,
beaucoup de vallées d'une assez grande
longueur, dépourvues de ruisseaux, et
dans une foule d'endroits, des sources
fort éloignées du sommet des vallées et
des faîtes limites des bassins. Il en ré-
sulte que, dans un pays de craie, l'alimentation des biefs de partage exige des
creusements ou des rigoles d'une grande
étendue, pour amener les eaux d'une
distance considérable; encore a-t-on la
crainte qu'elles se perdent en route.
Cette nature du sol exige donc, plus que
toute autre, l'emploi des souterrains, qui
sont heureusement faciles à percer lorsqu'on pénètre les fonds crayeux. Voilà
pourquoi M. Brisson propose, dans les
pays à grandes couches de craie, beaucoup plus de souterrains et des souterrains
plus longs que dans les autres contrées.

On exécute quatre canaux de seconde

classe dans la première région, qui se trouve entre la Seine et le canal de Paris à la Belgique.

Le premier canal qu'on propose dans cette région irait de Paris à Dieppe.

On peut être surpris au premier abord, en voyant que l'auteur de l'Essai n'ait pas placé la communication de Dieppe à Paris parmi celles qui conviennent pour des canaux de première classe; puisque Dieppe est le port le plus voisin de Paris, et, par conséquent, celui par lequel on pourrait venir de la mer à la capitale en parcourant le moindre trajet. Une observation de M. Brisson répond victorieusement à cette objection; on ne pourra jamais, dit-il, alimenter abondamment cette voie commerciale. Par conséquent, la circulation y éprouvera des entraves qui s'opposeront à ce qu'elle prenne un très grand développement. Si l'on parvient, plus tard, ajoute-t-il, à remédier au défaut d'eau que présente le point de par-

tage de cette voie commerciale, ce ne
sera qu'à l'aide de mécanismes toujours
plus applicables aux petits qu'aux grands
canaux, et cette considération, tend à
fortifier les raisons précédentes.

L'auteur compare les trois directions
qu'il est possible de suivre pour exécuter
le canal de Paris à Dieppe. Dans la première direction, il faudrait remonter
l'Oise jusqu'au dessous de Creil ; on at-
teindrait Beauvais par la vallée du Thé-
rin ; puis Gournay (1), par le vallon du
ruisseau d'Avelon ; on joindrait l'Epte,
puis on gagnerait la rivière de Béthune,
qui se dirige en ligne droite sur Dieppe.

La seconde direction ne diffère de la
première et de la troisième qu'entre
Paris et Gournay. Par la seconde, on
quitte l'Oise au-dessous de Pontoise ;
on longe la rivière de Viorne ; on se

_____

(1) De l'Oise à Gournay : Dépense présumée :
5,064,000 fr.

dirige vers le vallon du Réveillon, et l'on atteint, vers Gisors, la vallée de l'Epte qu'on remonte jusqu'à Gournay; puis on descend à Dieppe (1). De Pontoise à Givoirs le canal coûterait 14,005,000 fr.

La troisième direction suivrait la Seine jusqu'à l'embouchure de l'Epte, et remonterait l'Epte jusqu'à Gournay.

M. Brisson discute les avantages et les inconvénients des trois directions.

Ensuite il examine le projet d'un canal qui joindrait la Seine à la Somme, de Rouen à Amiens, et demanderait 4,380,000 fr. de dépense. Une première branche de ce nouveau canal irait de Rouen à Gournay, entre Gournay et Beauvais. L'on suivrait la première direction du canal de Dieppe à Paris, et l'on n'aurait plus ensuite qu'à creuser le canal entre Beauvais et Amiens. A partir de

_____

(1) Pontoise 26 ^{18} + 8,$_{,2}$ + Epte. 26 ^{31} + Gournay 23 ^{32} : Point de partage + 48 ^{117} Dieppe.

Rouen, l'on remontera les vallons dans lesquels coulent les ruisseaux de Darnetal et de Saint-Aubin, jusqu'auprès de Montmain, où l'on pratiquera un souterrain passant sous le village de Fresnes ; l'on cheminera horizontalement sur le côté droit de la vallée de l'Andelle, jusqu'à la rencontre de cette petite rivière au Mesnil-le-Brai ; l'on croisera cette rivière pour remonter le petit vallon de la Fry ; l'on coupera le faîte de ce vallon et l'on ira, par une direction horizontale, joindre, à l'est d'Odinger, le canal de Paris à Dieppe, que l'on suivra pour descendre vers Gournay.

Dans ce tracé, le souterrain de Fresnes aurait 9,500 mètres de longueur ; il faudrait près de sept ans pour le percer. Cette seule observation fera longtemps différer un pareil projet, et peut-être empêchera de l'exécuter. Il serait plus simple, comme l'indique M. Brisson, de suivre la grande ligne de navigation de la Seine jusqu'à l'embouchure de l'Andelle, pour remonter cette rivière et gagner ensuite l'Epte.

L'auteur indique le projet de la partie de canal qui devrait aller depuis Beauvais jusqu'à Amiens ; ce canal coûterait 8,613,000 fr. Il exigerait le percement d'un souterrain de 11,000 mètres de longueur, dont l'exécution peut aller à huit ans et même à neuf, si l'on est gêné par des sources cachées. Il y aurait, je le répète, de grandes difficultés à faire de pareils travaux, à moins que le Gouvernement ne les entreprît ; et l'on doit soigneusement mettre en balance la perte du revenu des capitaux, durant un si grand nombre d'années.

Un *troisième canal* est celui qui joindrait la Somme, à partir du voisinage d'Abbeville, avec le port de Boulogne, en se dirigeant à peu près parallèlement à la côte. Dépense présumée, 5,064,000 fr.

Un *quatrième* canal joindrait le port

de Boulogne aux canaux du département du Nord, lesquels forment un si riche ensemble de navigation. D'après le tracé de M. Brisson, ce canal exigerait un souterrain de 4,000 mètres de longueur, sur le sommet de la vallée du ruisseau de Blequin affluent de l'Aa. Il faudrait, pour l'alimentation des eaux du canal, une rigole longue de 37 kilomètres dont 3 en souterrain. Le canal, au-delà du point de partage, descendrait jusqu'au canal d'Aire à St.-Omer et pourrait communiquer facilement à plusieurs autres canaux. Cours du canal depuis Boulogne, 25 ^{77} + 26 $_{78}$: dépense présumée, 7,296,000 fr.

Le *cinquième* canal aurait pour objet de joindre la Somme avec la Scarpe, et de mettre en communication la Picardie, l'Artois et la Flandre française, par une autre ligne que le canal de St.-Quentin. Il faudrait un souterrain de 12,500 mètres de longueur, qui demanderait au moins neuf ans pour être exécuté. Expression du canal, $32^{46} + 19_{28}$: dépense présumée, 8,427,000 fr., y compris une branche de ce canal ayant 10_6, qui partirait du voisinage de Sailly, conduirait au canal de la Sensée, et servirait pour communiquer directement d'Amiens avec l'Escaut.

La *sixième* et dernière communication de la première région est une branche du canal de St.-Quentin, qu'on dirigerait parallèlement à la petite rivière d'Omignon, à partir du bief de partage du canal de St.-Quentin jusqu'à St.-Christ sur la Somme, à deux lieues au-dessus de Péronne, en parcourant 28_{33} : ce qui coûterait 2,091,000 fr. Il est à remarquer qu'on ne pourrait s'occuper de ce dernier embranchement, qui recevrait les eaux du canal de St.-Quentin, qu'après avoir rendu ces dernières eaux surabondantes pour le canal principal.

II. La *seconde région* comprise entre la

6

ligne principale de Paris à la Belgique et
la ligne de Paris au Rhin, peut être sil-
lonnée par sept canaux du second ordre.

Le *premier* joindrait l'Oise à la Sambre
avec un embranchement sur l'Escaut. On
suivrait pour cela la direction que beaucoup de personnes ont jugée préférable à
celle qui comprend le canal de St.-Quen-
tin, pour en faire une voie navigable de
première classe. En supposant que la communication, qui n'a point été choisie,
ne méritât pas en effet la préférence pour
une ligne de première classe, elle mérite
au moins d'être adoptée pour une de seconde. Cette ligne suivra l'Oise et le canal de Chauny à la Fère, remontera la
vallée de l'Oise jusqu'à Vadancourt, puis
la vallée du Noirieu jusqu'aux environs
d'Étreux-Landrenat, et, par une coupure peu considérable, fera communiquer l'Oise à la Sambre, dont on suivra le
cours jusqu'au dessous de Landrecy, au
point où cette rivière devient navigable.

M. Brisson propose un tracé différent de ceux qu'on a donnés jusqu'à présent. Avec un seul bief de partage, il établirait la jonction de l'Oise, de la Sambre et de l'Escaut (1). Le bief commencerait entre Étreux et Oisy, longerait la vallée de la Sambre jusqu'au-delà d'Ors. Une branche de canal descendrait à Landrecy; une autre, qui ferait partie du bief de partage, contournerait, vers l'ouest, un petit vallon qui se trouve au nord du village d'Ors; passerait par un souterrain de 1,500 mètres et gagnerait le vallon dans lequel coule le Bazuyeau qui se jette dans la Seille au-dessous de Cateau-Cambresis. On descendrait ensuite aisément vers l'Escaut. De l'autre côté, le bief de partage communiquerait avec l'Oise par Noirieu. Cette conception est une de celles qui

---

(1) Oise: la Fère 48 ^{86}.

Point de partage $\begin{cases} 19_3 \cdot \text{ Landrecies. Sambre.} \\ 33_{104} \text{ Denain. Escaut.} \end{cases}$

nous paraissent les plus remarquables
dans l'ouvrage dont nous rendons compte : dépense du canal, 9,600,000 fr.

La *seconde* ligne de communication
conduirait de Paris à la Meuse par l'Oise,
l'Aisne et la jonction, depuis long-temps
projetée, de l'Aisne avec la Meuse, par le
ruisseau de Mongon et la rivière de Bar.
On peut abréger beaucoup cette voie navigable, en profitant du canal de l'Ourcq.
On communiquerait donc du canal de
l'Ourcq avec l'Aisne depuis Mareuil, en
longeant la vallée de la rivière, jusqu'auprès de Vierzy. On franchirait ensuite un
souterrain de 3,000 mètres; on gagnerait
la vallée de la Crise, jusqu'à son débouché
dans l'Aisne, au-dessus de Soissons. Expression du canal : *Ourcq* 26 $\frac{24}{46}$ + 10
Aisne. Dépense présumée 5,022,000 fr.

Il faudrait améliorer la navigation de
l'Aisne depuis Soissons jusqu'à l'Oise, et
de l'Oise à Neufchatel. On s'occupe aujourd'hui d'ouvrir un canal latéral à

l'Aisne, depuis Neufchatel jusqu'à Semny, dans une étendue de 60 ^{23}. A partir
de Semny, l'on remontera de 10 ^{78} le vallon de Mongon jusqu'au bief de partage,
d'où l'on descendra de 34 $_{26}$ jusqu'à la
Meuse, par la vallée de la Bar.

Un *troisième* canal unirait celui de St.-
Quentin avec l'Aisne, et l'Aisne avec la
Marne : ce qui mettrait la Champagne et
la Bourgogne en communication hydrau-
lique avec les provinces du Nord. Dès à
présent, en partant du canal de St.-Quen-
tin, on peut arriver à l'endroit où l'Aisne
se jette dans l'Oise, et remonter l'Aisne
jusqu'à Soissons. Lorsqu'on aura exécuté
la jonction de Soissons avec l'Ourcq, il
ne restera plus qu'à gagner la Marne en
descendant l'Ourcq. M. Brisson propose
un tracé beaucoup moins long : il abrège
d'environ dix lieues le trajet du canal de
St.-Quentin à Soissons, en quittant l'Oise
au-dessous de Chauny, pour suivre la vallée de la Lette, qu'il remonte jusqu'au val-

6.

lon du petit ruisseau de Vaussalion, qu'il
remonte aussi. Alors il traverse un souterrain de 2,500 mètres, et débouche dans
une vallée qui le conduit jusqu'à l'Aisne
au-dessous de Crouy. Espace parcouru,
$27^{21} + 9_{26}$; dépense présumée, 3,777,000
francs.

Ensuite on naviguera sur l'Aisne jusqu'à l'embouchure de la Vesle qu'on re-
montéra de 50^{33} jusqu'à Rheims; on con-
tinuera de s'élever le long de la Vesle,
pour arriver au point de partage, en parcourant 28^{32} : de ce point à la Marne, on
descend de 11_{18}. Ligne totale :

Aisne

$$\text{Oise } 27^{21} + 9_{26} + 50^{33} + 28^{32} + 11_{18} \text{ Marne.}$$

Dépense présumée, 7,179,000 francs. La
dernière partie de ce canal pourrait avoir
un appendice qui passerait par la Bar et
le ruisseau de Mongon, rejoindrait la
Seine à Semny, pour joindre l'Aisne à la
Meuse, et donner des débouchés utiles

aux forêts de l'Argonne et aux usines de ce pays : Expression du canal : *Semny sur Aisne :* 89^{94} + 11 $_{19}$: *Canal de* 1re *classe* n° III, *de Paris à Strasbourg.*

La *quatrième* ligne de communication joindrait les canaux du nord avec le Rhin. Elle se composerait : 1° du canal de l'Escaut à la Sambre et à l'Oise, par la Seille et le Noirieu qui font partie de la communication de Paris à la Sambre; 2° d'un canal supérieur de l'Oise à la Meuse, par le Ton, l'Aube et la Sormonne; 3° d'une partie du cours de la Meuse, de Mézières à Sédan; 4° d'un canal à établir le long du Chiers, de l'Othain et de l'Ornes, formant la jonction de la Meuse à la Moselle; 5° du cours de la Moselle, depuis l'embouchure de l'Ornes entre Metz et Thionville, jusqu'à celle de la Meurthe où l'on se rattache à la 3e ligne de 1re classe allant de Paris à Strasbourg : ce qui complétera la communication avec Strasbourg et la frontière des départements du Haut et du Bas-Rhin. Dépense présumée, 8,115,000 fr.

On pourrait encore, le long de la Seille, à partir de Metz, ouvrir un canal qui se rattacherait à la grande communication de Paris au Rhin, près de Strasbourg. Le système de canaux du 2e ordre, que nous indiquons ici, se compose de deux parties essentiellement distinctes : la première qui joindrait l'Oise avec la Meuse(1) et qui coûterait 10,926,000 fr.; la seconde, qui joindrait la Meuse avec la Moselle(2), et qui coûterait 12,130,000 fr. Par ce moyen, la communication des places frontières, depuis le nord jusqu'à l'est, serait assurée par une voie navigable, laquelle aurait une haute importance en cas de guerre, pour faciliter les opérations et les approvisionnements.

---

(1) Oise à l'embouchure du Noirieu 85 $_{118}$ + 74 $_{25}$ Meuse au-dessous de Wariq.

(2) Meuse par le Chiers 109 ^{88} + 37 $_{68}$ Moselle.

Cette ligne aurait 256 kilom. de long à
ciel ouvert, 2600 mèt. de canal souterrain, 368 mèt. de pente à racheter par
des écluses, 71 kilomèt. de rigoles pour
entretenir les biefs de partage, et 4,300
mèt. de galerie souterraine. Comme appendice de cette ligne, il faudrait creuser
un canal latéral à la Meuse 80[48], depuis
Verdun où elle cesse d'être navigable jusqu'au canal de 1re classe qui joindrait
Paris à Strasbourg. Dépense présumée,
8,352,000 fr. Il y aurait encore à faire de
nombreuses améliorations dans la partie
inférieure de la Meuse. Il faudrait ouvrir
un canal de seconde classe, depuis Dieuze
jusqu'à la Moselle et jusqu'au canal de
Paris au Rhin, canal qui servirait pour le
débouché des riches salines que présentent les environs de Dieuze et pour l'ar-
rivage du combustible. On avait déja commencé, de Dieuze à la Sarre, un canal qu'il
est fâcheux de voir interrompu. On pour-

rait aussi faire communiquer Dieuze avec
Metz (1), et creuser un canal latéral à la
Sarre. Ces travaux coûteraient 10,227,000
francs.

3e *région*. Une *première* ligne navigable de seconde classe servirait à joindre
la Haute-Marne et la Haute-Saône : contrées entre lesquelles il se fait un commerce considérable de grains, de fers et
de produits naturels ou industriels, que
le bassin de la Marne verse dans le midi.
Le terrain se prête difficilement à cette
communication. M. Brisson s'efforce de
lutter par les moyens de l'art contre les
difficultés de la nature. Il part de Vitry
qui se trouve sur le canal du premier ordre entre Paris et Strasbourg, longe la
droite de la Marne, entre en rivière sous
Laneuville, en part pour remonter jusqu'à St.-Dizier ; puis longe la gauche de

---

(1) Canal latéral à la Seille, jusqu'à Metz : 88 ' ',

la rivière jusqu'à Chaumont et à Hulles,
à une lieue et demie de Langres. Il se dirige ensuite par le vallon qui contient les
sources de la Marne et parvient à St.-
Maurice; traverse la ligne de faîte qui
sépare les bassins de la Marne et de la
Saône, par un souterrain de 2,500 mèt.
et descend dans le vallon du Calmont,
puis dans la vallée du Saolon jusqu'à la
Saône. L'auteur propose aussi de passer
dans le vallon d'Écuelle, pour descendre
à la Saône près de Gray. Il décrit avec
soin les moyens d'alimentation, qui présentent beaucoup de difficultés aux environs de Langres; 32 kilomèt. de rigoles,
sans compter une galerie souterraine de
2000 mèt. entre Baunes et Orbigny, réu-
niront les produits d'une superficie de
sept lieues environ. *Vitry* 173 $^{256}+54_{156}$
Saône à Gray. Depuis Gray jusqu'à St.-Jean
de Losne, 72 $_{55}$, il faut améliorer la Saône.
Dépense de ces travaux, 20,531,000
francs.

Le *second* canal longerait l'Aube, à partir d'Arcis, et franchirait un point de partage pour joindre la Haute-Marne : Expression du canal : *Arcis-sur-Aube* $102^{179} + 13_{29}$. *Berthenay sur Marne.* Dépense, 9,999,000 francs.

La *troisième* ligne de communication réunira la haute Seine au canal de Bourgogne. On a commencé l'exécution du canal entre l'embouchure de l'Aube et la ville de Troyes. Quoiqu'on ait interrompu ce travail, l'étude en est complète, et M. Brisson se borne à tracer une nouvelle ligne navigable entre Troyes et Dijon. Il suit la rive droite de la Seine jusqu'à Bar, traverse l'Ouche au-dessus de cette ville, s'élève jusqu'à Châtillon sur Seine, longe cette rivière qu'il quitte pour gagner le vallon de l'Aignay-le-Duc. Il arrive au point de partage, en traversant un souterrain de 2000 mèt. au plus, débouche dans la vallée du Gignon, se tient sur la droite. On peut ensuite gagner directement le canal de Bourgogne, ou, ce qui serait préférable s'il ne s'y trouvait pas de trop grandes difficultés, gagner Dijon par une route plus directe, et joindre le canal de Bourgogne, au-dessous de cette ville. Expression du canal : *Troyes sur Seine*, $121^{242} + 51_{162}$, *Dijon*. La dépense présumée serait de 17,520,000 fr.

La *quatrième* ligne *joindra la Marne à la Seine* et fera suite à la jonction du canal de St.-Quentin avec l'Aisne et la Marne. On partira de Jallons pour remonter le vallon de la Soude aux environs d'Ecury-le-Repos. On débouchera par un souterrain de 1800 mèt., dans le vallon du ruisseau de Fère-Champenoise, qu'on longera. Ensuite, on gagnera la vallée marécageuse du Taas, puis Chapelle-la-Saux, pour arriver à l'Aube au-dessous d'Anglure, et non loin du confluent de cette rivière avec la Seine. *Marne*, $42^{70} + 32_{57}$, *Aube*. Dépense présumée, 6,983,000 francs.

7

La 5e *ligne* de communication joindra *la Haute-Marne au canal de Bourgogne*. A partir du canal latéral de la Marne au-dessus de Vitry, on communique avec le canal latéral de l'Aube, auprès de Lesmont. De ce dernier canal au canal latéral de la Seine, au-dessus de Troyes, et de celui-ci au canal de Bourgogne près de St.-Florentin, M. Brisson décrit le tracé qui lui paraît le plus convenable pour ces trois parties, dont voici l'expression : *Marne*, $5^{30} + 44_{44}$, *Aube*, $17^{44} + 16_{25}$, *Seine*, $20^{235} + 34_{59}$, *canal de Bourgogne*. Dépense 12,459,000 francs.

La 6e *ligne* joindra la Moselle à la Saône par le Madon. L'auteur rapporte le tracé précédemment indiqué. Depuis Toul, sur la grande ligne de navigation de Paris à Strasbourg, on remontera parallèlement et à gauche de la Moselle; puis, dans la vallée du Madon, jusqu'à Mirecourt et près de Lerrin; on gagnera le vallon de Geronville; on passera dans le bassin de la Saône, par un souterrain de 3000 mèt.; on gagnera les bords de la Saône, qu'on descendra jusqu'à Gray : *Toul*, $97^{144} + 152_{147}$ *Gray*. Dépense présumée: 20,373,000 francs.

La 7ᵉ *ligne* joindra la Haute-Meuse au Madon. On partira du grand canal de Paris à Strasbourg, auprès de Rigny, au-dessous de Vaucouleurs; on longera la Meuse sur la rive gauche, puis le Vaïr et la Vraine, affluents de la Meuse. Ensuite on prendra le vallon du Mesnil-St.-Ois, pour atteindre le grand étang de Biécourt. On passera près de Dombasle-St.-Ois, pour gagner et suivre le ruisseau de Rouvres qui se jette dans le Madon sous Mirecourt. Expr. du canal, $59^{92} + 11_{27}$. Dépense présumée, 6,483,000 francs.

La 8ᵉ *communication* allant de la *Moselle supérieure à la Saône*, peut s'opérer en plaçant le point de partage à l'étang du val du Coney. M. Brisson suit une ligne qui lui paraît préférable. Il fait partir son canal de la ligne qui joint la Moselle à la Saône par le Madon, près de l'embouchure du Madon. Il remonte la rive gauche de la Moselle jusqu'au-dessus d'Arches, à 2 $\frac{1}{2}$ lieues d'Épinal et par le vallon du ruisseau de Raoul-aux-bois; il parvient au bief de partage entre les hameaux de Mail-Roussin et de Val de Ceny; il descend successivement pas les vallons du ruisseau de Belle-Fontaine, de l'Angronne, de la Semouse et de la Lanterne, jusqu'à la Saône qu'il traverse au-dessus de Bar-sur-Saône, pour se rattacher à la ligne de communication qui se dirige sur la Moselle par le Madon. *Moselle*, 89 [163] + 53 [122], *Saône*. Dépense présumée, 4,785,000 francs.

La 9e. *communication* joindrait la Haute-Saône avec le canal du Rhône au Rhin, près de Montbelliard. Ce canal mettrait en communication la Suisse et toute la contrée industrieuse qui se trouve à l'Est des Vosges avec l'intérieur même des Vosges et la contrée occidentale. Pour cette communication, M. Brisson propose un tracé qui joindrait le canal indiqué de la Moselle supérieure à la Séine, au-dessus de Bar-sur-Saône, viendrait chercher un premier point de partage au sud-sud-est de Quers, et gagnerait la vallée de l'Ognon. En suivant diverses vallées qu'indique l'auteur, on arrive au second point de partage, en gagnant un des rameaux dont la réunion forme le ruisseau de Frahier; on atteint la vallée de l'Yssel qu'on suit jusqu'à Montbelliard. Auprès de cette ville on trouve la rivière d'Halène : enfin on joint le canal du Rhône au Rhin, à une lieue au-dessous de son embouchure dans le Doubs, auprès de Bougeancourt : Express. du canal : *Conflans*, *Haute-Saône*, $25^{73} + 11_{25}$ *l'Ognon* rivière, $18^{40} + 27_{81}$ *Montbelliard*. Dépense présumée, 9,459,000 francs.

IVe *Région.* La première ligne du second ordre que présente cette région est le *canal de Nivernais* qu'on exécute en ce moment pour joindre l'Yonne à la Loire. On remonte l'Yonne au-dessus de Clamecy, jusqu'au confluent du ruisseau de Sardy qu'on remonte aussi pour arriver au point de partage entre la Collancelle et Baye; ensuite on débouche dans la vallée de l'Aron qui se jette dans la Loire, à Decize.

2. *Canal de Clamecy à Cosne.* Il formerait un embranchement naturel du précédent, et conduirait aussi de l'Yonne à la Loire. On suivrait la vallée du ruisseau de Sozay, puis une gorge à l'ouest de Corbelin, pour atteindre la ligne de faîte, près de Menetreau, et la franchir par un souterrain long de 5,500 mètres; on descendrait dans la vallée de Rohain, qu'on suivrait jusqu'à Cosne. Douze kilomètres de rigoles amèneraient au point de partage les eaux de 12 lieues carrées. Expression du canal : *Clamecy*, $16_{39} + 37_{84}$, *Cosne.* Dépense présumée, 8,556,000 fr.

3. *Ligne de l'Yonne au canal de Bourgogne*, par la Cure, le Voisin, le Cousin et le Serain. On partira de l'Yonne, à Cravant. On remontera de 55^{95}, les vallons de la Cure, du Voisin, du Cousin, pour arriver, par un dernier vallon, au premier point de partage, d'où l'on descend de 7_{18} jusqu'au Serain.

Ensuite on remontera de 34^{160} la vallée du Serain et le vallon du hameau de la Maison-Dieu, pour arriver à l'un des biefs du canal de Bourgogne, près de St.-Thibaud. Canal complet, $55^{95} + 7_{18} + 34^{160}$. On alimentera la seconde partie de ce canal, par une dérivation de l'Armance, égale à 34_{160}. Dépense totale, 10,179,000. francs.

4. L'Aroux affluent de la Loire est navigable dans une étendue de 17 kilomèt.; il faudrait améliorer cette partie, et faire latéralement à cette rivière (l'Aroux), un canal de 62^{80}, jusqu'à la ville d'Autun.

On prolongerait la partie supérieure de

cette ligne par un chemin de fer, jusqu'au canal de Bourgogne auprès de Pouilly; la montée étant trop considérable dans cette partie pour y construire un canal éclusé.

5. On pourrait, par un canal, joindre l'Aroux et l'Aron, pour communiquer avec le canal du Nivernais. Le point de partage serait entre Bouselle et les Goureaux où l'on ferait un souterrain de 1800 mètres, à partir de l'Aroux. Ligne du canal, $8^{18} + 41_{78}$. La dépense des canaux 4 et 5, serait de 9,828,000 fr.

6. *Canal du Berry*. Ce canal s'étend sur la rive gauche de la Loire, tandis que tous ceux dont nous venons de parler sont situés sur la rive droite de ce fleuve. Voici la ligne qu'il suit : il part de la Loire, aux environs de St.-Aubin ; le point de partage est entre Samorin et le hameau de Linesse ; l'on descend ensuite parallèlement à l'Auron jusqu'à Bourges où le canal débouche dans la vallée de l'Evre; on descend à Vier-

zon; puis on gagne la vallée du Cher, par laquelle on arrive à la Loire, auprès de Tours, moyennant une coupure qu'on a nouvellement faite à l'orient de cette ville.

Un embranchement du canal du Berry met en communication la vallée de l'Auron et celle de la Marmande, qui se jette dans le Cher auprès de St.-Amand; on remonte ensuite la vallée du Cher, afin de gagner Mont-Luçon. Les travaux pour l'exécution du canal du Berry sont en pleine activité; ils ont été commencés par M. Dutens, comme directeur, et se poursuivent maintenant sous son inspection supérieure.

7. Dans le cas où l'on exécuterait le canal de *Bordeaux à la Haute-Loire*, l'auteur de l'Essai nous indique une ligne de communication de seconde classe qui remonterait le vallon de l'Aumance, affluent du Cher, et viendrait passer près de Mont-Mareau, par un souterrain de 3000 mètres de longueur, pour aller gagner le vallon

de la Bouble et joindre le canal de Bordeaux à la Haute-Loire. M. Brisson propose encore l'étude d'une autre direction pour opérer la même jonction. Cours du canal : *Cher*, $47^{142} + 30_{53}$. Dépense présumée, 9,471,000 francs.

8. *Le canal du Cher à la Loire, par la Saudre*, part du Cher au-dessous de Selles, remonte parallèlement à la Saudre jusqu'au-dessous d'Argent, quitte le vallon de cette rivière, et franchit une ligne de faîte, pour descendre dans le vallon du Nord-Yèvre, qu'on longe parallèlement à la Loire auprès de Gien. Expression du canal, $101^{82} + 20_{33}$; rigoles, 48 kilomèt.; superficie alimentaire, 14 lieues carrées du pays. Dépense présumée, 4,686,000 francs.

9. Si nous avançons vers le sud, nous nous transporterons de la vallée du Cher à la vallée de l'Indre. Il faut rétablir la navigation de cette rivière, depuis la Loire jusqu'à Loches : 65^{40}. A partir de Loches

il faut ouvrir un canal latéral ; passer ensuite auprès de l'étang de Thève et franchir une ligne de faîte, pour déboucher
dans le vallon de la Silaise ; remonter
l'Arnon ; enfin rejoindre à St.-Amand, par
une montée et une descente, le canal de
Berry. Expression du canal, à partir de
Loches : $121^{97} + 14\,\underset{20}{\overset{P}{}} + 23^{33} + 12\,\underset{35}{\overset{P'}{}}$. Dépense présumée : 18,003,000 francs.

Points de partage.	Longueur de rigoles.	Superficies alimentaires.
P	33 kilom.	9 li. qu.
P'	12	14

La Vienne débouche dans la Loire au
midi de l'Indre ; elle est navigable jusqu'à
Chatelleraut, où l'on vient d'établir un
barrage pour donner à la manufacture
d'armes de cette ville la force d'une chute
d'eau. Ce barrage, n'étant pas éclusé,
intercepte une navigation qui remontait à
dix kilomètres plus haut. M. Brisson pro-

pose un *canal latéral à la Vienne*, depuis Chatelleraut jusqu'à l'embouchure de la Combade 212[189] : il coûterait 14,919,000 fr.

11. *Canal de la Creuse.* A partir de l'embouchure de la Creuse dans la Vienne, on longera la Creuse par un canal latéral, ou bien en naviguant dans le lit même de cette rivière, pour atteindre son confluent avec la Roselle, au-dessus d'Aubusson. Ensuite on remontera cette seconde rivière près de sa source; on franchira par un souterrain de 2000 mètres, la ligne de faîte, pour descendre ensuite, par le vallon de Flayat, dans le canal de première classe N° II, qui joint la Garonne et la Loire, par la Dordogne et la Souille, au point de partage de ce canal de première classe. Expression du canal, 227^{390} $+13_{15}$. Dépense présumée, 21,063,000 fr. Peut-être la grande montée de ce canal exigerait-elle qu'on le remplaçât par un chemin de fer?

13. *Jonction de la Creuse à l'Indre.*

Après avoir canalisé , comme nous venons
de l'indiquer, l'Indre et la Creuse, on
pourrait établir une communication entre ces deux voies navigables, pour prolonger la communication du Cher à l'Indre, qui part de St.-Amand. C'est ce qu'on
ferait par un canal qui monterait parallèlement à la Bouzane, pour franchir une
ligne de faîte et descendre à l'Indre.
Expression du canal, à partir de la Creuse
$35^{45} + 5_{12}$; alimentation, 16 kilomèt. de
rigoles; de plus, un souterrain de 2,400
mèt., au point de partage. Dépense présumée, 3,924,000 fr.

14. L'auteur indique , comme un projet d'étude, *la communication du Cher
avec la grande voie navigable de premier
ordre* VI, *de Paris à Bordeaux.* On irait du
Cher à la Creuse par la Majieure, en remontant la Majieure jusqu'au premier point de
partage, pour descendre jusqu'à la petite
Creuse qui se jette dans la grande un peu
au-dessous du confluent des deux rivières

8

et débouche sur la rive droite de la Creuse. On partira de la Creuse en remontant la Sedelle jusqu'au second point de partage; on descendra dans la Saine, puis dans la Gartempe ; on passera, par une coupure, dans le vallon de l'Issoire qui débouche dans la Vienne ; ensuite on gagnera la Cloire, et le Clain dans le vallon duquel passe la voie de premier ordre qui joint Paris et Bordeaux. Expression du canal, $24^{60} + \overset{P'}{58}_{88} + 25^{63} + \overset{P'''}{59}_{85} + 5^{22} + \overset{P''''}{24}_{17} + 3^{12} + 28_{18}$. Dépense présumée, 23,716,000 francs.

Points de partage.	Longueur de souterrains.	Longueur de rigoles.	Superficies alimentaires.
P'	1000 mèt.	38 kilom.	$7\frac{1}{2}$ li. q.
P"	1500	32	18
P'''	2000	38	...
P''''	2000	35	...

15. Un canal secondaire unirait *la Creuse à la Charente;* cette ligne, à partir de la

Creuse auprès d'Haun, monterait le premier faîte, pour descendre dans un affluent du Thorion qui se jette dans la Vienne au-dessus de Limoges. On longerait la Vienne, en descendant jusqu'au-dessous de Chabannais. Il faudrait ensuite remonter pour communiquer de la Vienne à la Charente. On gagnerait le sommet de la courte vallée du Sou, qui débouche dans la Charente, au-dessous de Mosle. Le point de partage présenterait deux souterrains ayant chacun 1800 mètres de longueur, en franchissant le vallon de la Haute-Charente entre les deux souterrains. Expression du canal: *Creuse*,

$$6^{40} \overset{P'}{+} 65_{04} + 3^{22} \overset{P''}{+} 29_{76},\ Charente.\ \text{Dé-}$$

pense présumée, 12,219,000 francs.

Points de partage.	Longueur de souterrains.	Longueur de rigoles.	Superficies alimentaires.
P'	1500 mèt.	51 kilom.	12 li. qu.
P''	{ 1800 / 1800 }	36	13

16. *Canal de la Vienne à la rivière d'Isle.* Ce canal partirait de la Vienne, au-dessous de Limoges, remonterait la Briance et le vallon du ruisseau de St.-Pierre Ligourt, prendrait son point de partage non loin de la Roche-la-Belle, déboucherait dans le vallon de la Meize, affluent de l'Isle qui descend à Périgueux, et qu'on longerait par un canal latéral. On exécute actuellement les travaux nécessaires pour rendre navigable cette rivière, depuis Périgueux jusqu'à Libourne ; elle débouche dans la Gironde. Expression du canal, $29^{76} + 110_{166}$. Longueur de souterrains, 3000 mètres ; longueur de rigoles, 46 kilomètres ; superficie alimentaire, 7 lieues carrées. Dépense présumée, 13,110,000 francs.

17. *La jonction de la Haute-Vienne avec la Dordogne* peut s'opérer en remontant la Combade au-dessus de St.-Léonard jusqu'au point de partage, d'où l'on débouchera dans la Soudenne, qui se jette

dans la Vezère qu'on pourrait descendre jusqu'à la Dordogne, pour aller dans le bas pays. Afin de communiquer avec la Haute-Dordogne, on quittera la Vezère auprès de Larche; on s'élèvera dans les vallons du St.-Sornaire et de Chateaux, pour descendre dans celui de la Tourmente qui débouche dans la Dordogne, à peu de distance au-dessus du point où la Dordogne cesse d'être navigable. Expression du canal, $24^{66} + 74_{190}^{P'} + 13^{65} + 21_{53}^{P''}$. Dépense présumée, 15,405,000 francs.

	Souterrains.	Rigoles.	Superficies aliment.
P′	1500	32	7
P″	3000	35	7

5e RÉGION. Cette région s'étend au nord de la Loire, depuis le grand canal n° VI allant de Paris à Bordeaux, jusqu'à la Seine vers le nord, et jusqu'à la mer vers l'Occident.

8.

1. *Canal latéral à l'Eure* et jonction avec la voie navigable de 1re classe n° VI. A partir de la Seine, dans une étendue de 22 kilomèt. , on naviguera sur l'Eure jusqu'à l'embouchure de l'Iton. Puis, par un canal, on longera l'Eure jusqu'au-dessus de Chartres; on quittera la vallée de l'Eure pour gagner le point de partage, et finalement la ligne n° VI. Expression du canal, à partir de l'Iton, $116^{98}+\ldots$ La seconde branche, très-courte, n'est pas donnée numériquement. Dépense présumée, 9,336,000 francs.

1. M. Brisson propose d'essayer le tracé d'un canal allant de Paris dans la Normandie méridionale. Voici les lignes dont il indique l'étude :

1° Jonction de la Seine à l'Eure, entre Mantes et l'embouchure de l'Avre, en passant par Septeuil. Expression du canal : $21^{48}+14_{15}$. Au point de partage, souterrain de 3000 mèt. avec 5 kilom. de rigoles, et dérivation de la Vesgres.

2° Remonter l'Eure et l'Iton, et gagner l'Eure en passant par un bief de partage, entre Courtemer et St.-Léonard, pour déboucher dans le vallon du St.-Léonard, et de la Don, qui se jette dans l'Orne auprès de Medavy; enfin longer l'Orne jusqu'à Caen. Expression du canal $100^{178} + 134_{220}$.

Bief de partage 2000 mèt., dont 1800 de souterrain; alimentation, 36 kilomèt. de rigoles, et 10 lieues carrées.

3° Jonction de l'Orne à la Vire. 1er *système* : voie parallèle à la côte de la mer. Ce canal aurait deux points de partage et deux souterrains, l'un de 5,000 mèt. non loin de Mathieu, l'autre de 2,000 mèt. sous le village de Cangy. Il passerait au nord de Bayeux, puis au sud d'Isigny, et déboucherait dans la Vire au-dessus du passage du petit Vey. Longueur totale, 70 kilom.; pentes ascendantes et descendantes, 50 mètres; longueur de rigoles, 10 kilomètres.

Second système. Remonter le Noireau,

depuis l'Orne jusqu'à Condé, puis la
Drouance jusqu'au-dessus de Lacy, d'où,
par un souterrain de 2,000 mèt., l'on débouchera dans le val de Montchauvet,
ensuite dans le val de la Soleuvre, affluent
de la Vire. Expression du canal $32\,^{48}+$
84_{96}. Souterrain, 2000 m.; rigoles, 46 k.;
superficie alimentaire, 7 lieues carrées.

4° Jonction de la Vire et de la Douve
avec le port de Cherbourg. On peut prolonger le canal d'Orne-et-Vire, aboutis-
sant au-dessus du petit Vey, jusqu'à
Cherbourg, en remontant la Douve, et
franchissant le point de partage par un
souterrain de 2500 mèt., pour déboucher
dans le vallon de la forêt de Cherbourg.
Expression du canal : $63\,^{65}+13_{65}$. Souterrain 2,500 mèt.; rigoles, 56; superficie alimentaire, 7 lieues carrées.

La dépense présumée du canal dont
nous venons d'examiner les divers tracés
possibles, serait de 42,639,000 francs.

3. *Canal de l'Eure à la Sarthe par*

l'Huisne. A partir de Thivars-sur-Eure,
on passerait le canal secondaire qui joindrait l'Eure au grand canal de Paris à
Bordeaux ; on remonterait l'Eure jusqu'à
Guebonville, puis on irait vers l'Huisne,
en traversant, au point de partage, un souterrain de 2,000 mèt. ; on gagnerait l'Huisne qu'on descendrait jusqu'à la Sarthe,
au-dessous du Mans. Expression, $48^{44} +$
90_{149}. Rigoles, 52 kilom. , et plus si l'on
veut ; superficie alimentaire disponible,
30 lieues carrées dont les eaux, versées
du côté de l'Eure, pourraient de plus alimenter le grand canal de Paris à Bordeaux. La dépense du canal de l'Eure à
la Sarthe par l'Huisne, serait de 12,183,000
francs.

4. *Jonction de l'Orne à la Sarthe.* On
remontera le long de l'Orne, depuis d'Ar-
gentan jusqu'à Séez ; ensuite par un souterrain de 4,500 mèt. entre La Chapelle et
Néauffle, on débouchera dans le vallon
de Boistron ou d'Essey ; on gagnera la val-

lée de la Sarthe. Le canal latéral pourra
s'arrêter au Mans, parce que la Sarthe
est navigable depuis cette ville jusqu'à la
Loire, dans une longueur de 125 kilom.
Expression du canal depuis *Médavy* :
$14^{15}+97_{142}$, *Le Mans*. Dépense, 10,404,000
francs.

5. *Jonction de l'Eure à la Sarthe par
l'Iton*. A partir de l'Eure, on remontera
l'Iton dans la presque totalité de son cours;
pour atteindre au bief de partage d'un
canal expliqué déja pour joindre l'Eure
avec l'Orne, un embranchement conduirait à la Sarthe, qu'on longerait. Il
faudrait ouvrir : 1° dans le bas Iton : 71^{152};
2° depuis le bief de partage 29_{60} jusqu'à
la Sarthe. Dépense, 8,880,000 francs.

6. *Jonction de l'Orne à la Mayenne.*
Par la jonction de l'Orne à la Vire, on arrivera à l'embouchure du Noireau; on
longera cette rivière en remontant par la
Flers; on franchira le point de partage
par un souterrain de 2,000 mètres, pour

passer dans un vallon qui débouche dans la vallée de la Varenne et, de là, dans la Mayenne jusqu'à Laval. Express. 20^{90} + 87_{112}. Rigoles du canal, 43 kilom.; superficie alimentaire, $7\frac{1}{2}$ lieues carrées. Dépense présumée, 10,389,000 fr.

De Laval à l'embouchure de la Mayenne il y a 95 kilomèt. qu'il faut améliorer.

7. *Communication de la Mayenne à la Sarthe.* Les sources de la Mayenne sont voisines du Sarton qui se jette dans la Sarthe. On remonterait la Mayenne, pour passer dans le val du Sarton par un souterrain de 1500 mèt. Express. du canal, en commençant par longer la Mayenne : 50^{83} + 14_{32}, jusqu'à la Sarthe. Rigoles, 45 kilomèt.; superficie alimentaire, 8 lieues carrées. Dépense présumée, 7,146,000 francs.

Autre jonction de la Sarthe avec la Mayenne. On partira de Sablé sur la Sarthe, remontant la Vaige, puis l'Aromenay jusqu'au sommet du vallon, qu'on franchira pour descendre dans la vallée de l'Ouette qui se jette dans la Mayenne. Expression du canal, $28^{34} + 8_{18}$. Le bief de partage aurait un souterrain de 1,500 mètres, avec 18 kilomèt. de rigoles.

Navigation du Loir. Le grand canal de Paris à Bordeaux longe le Loir entre Bonneval et Lude : il faudrait rendre la partie inférieure du Loir parfaitement navigable. Longueur de cette partie, 110 kilomèt.

8. *Jonction du Loir et de la Mayenne,* par un court canal allant de la Flèche à Malicorne : $7\frac{1}{2}^{35} + 7\frac{1}{2}_{23}$, avec un souterrain de 2,000 mèt.; le bief de partage serait alimenté par de petites rivières dérivées. Dépense à faire 6,220,000 fr.

9. *Ligne de communication de la Vire à la Rance.* Elle peut s'opérer : 1° en joignant la Vire à la Séez et à la Schine; 2° en cheminant parallèlement à la côte, et passant par un souterrain sous Châteauneuf, pour déboucher à l'entrée de

la Rance. La dépense totale serait de
11,835,000 francs pour les deux parties
suivantes :

1° De la Vire à la Séez. On partira du
canal déja décrit pour joindre l'Orne à la
Vire qu'on longera, en remontant jusqu'auprès de Vire, pour prendre un vallon secondaire, puis un vallon tertiaire et
gagner le point de partage d'où l'on descendra vers la Séez, qu'on longera jusqu'à
la ville d'Avranches. Expression du canal,
$23^{54} + 45_{134}$. Rigoles, 53 kilom.; superficie alimentaire, 7 lieues carrées.

2° *De la Séez à la Rance.* Le canal aura
54 kilomèt., avec une légère pente de l'est
à l'ouest. M. Brisson propose de faire ce
canal assez large et de lui donner des
digues assez élevées pour permettre de
fortes intumescences aux ruisseaux dont le
cours croisera le canal, et qu'on pourra
retenir par des écluses. Cette disposition
favorisera la formation de très-grands en-

diguages dans la baie du mont St.-Michel.

10. *Communication de la Vire à la Sienne*. Elle se fera par un canal partant de la Vire, à 3 kilomèt. au-dessus de St.-Lô, en remontant le Canisy, franchissant un souterrain de 2,500 mètres, débouchant dans le vallon de la Soule, puis dans la Sienne au-dessous de Coutances. Expression du canal, $11^{42}+19_{60}$. Rigoles, 15 kil., alimentées par 6 lieues carrées. Dépense, 4,146,000 francs.

11. *Jonction de la Mayenne à la Selune*, $41^{92}+57_{145}$. Ce canal irait de la Mayenne par l'Énée jusqu'au point de partage, alimenté par 48 kilomèt. de rigoles et 6 lieues quarrées de pays; puis descendrait, en gagnant la Selune et longeant cette rivière jusqu'au point où elle sera croisée, près de son embouchure, par le canal de la Vire à la Rance. Dépense présumée, 10,641,000 francs.

12. *Jonction de la Mayenne à la Vi-*

laine. On sortirait de la Mayenne au-dessous de Laval; gagnant un vallon dont on percerait le sommet par un souterrain de 1,500 mètres, pour déboucher dans le vallon du Vicoin, le remonter pour gagner le point de partage, et déboucher dans le val de l'Ébrée qui se jette dans la Vilaine, qu'on descendrait jusqu'à Rennes où l'on rejoindrait le canal d'Isle et Rance. Expression du canal : $18^{74} + 60_{94}$. Souterrain, 1,200 mèt. ; rigoles, 22 kilomèt. Dépense présumée, 7,857,000 fr.

13. *Jonction de la Mayenne avec le canal de Nantes à Brest.* On partira de la Mayenne en remontant l'Oudon jusqu'à Segré, puis l'Argos; on franchira le point de partage, pour gagner un affluent de l'Erdre, petite rivière qui croise, à Nort, le canal de Nantes à Brest. Expression du canal : $31^{48} + 59_{44}$. Souterrain, 1,000 mèt.; rigoles, 27 kilom.; surf.alim., 9 li.carrées. Dépense présumée, 7,239,000 francs.

Canal d'Isle et Rance, qui joint la Vilaine avec la Rance : on l'exécute.

Canal du Blavet, allant de Pontivy à Hennebon. Ce canal est terminé, mais ne sera de quelque utilité, dit avec raison l'auteur de l'Essai, qu'à l'époque où l'on aura fini le canal de Nantes à Brest : canal que rejoint, à Pontivy, celui que nous indiquons maintenant.

14. *Communication du canal de Nantes à Brest, avec St.-Brieuc.* On l'établirait par un embranchement, en remontant l'Oust depuis ce canal, puis le ruisseau d'Allimène ; ensuite on franchirait le point de partage par un souterrain de 2,000 mètres, pour déboucher dans le vallon du Grosfail, et gagner la rivière de Gouet qui descend à St.-Brieuc et se jette dans la mer. Expression du canal, $31^{88} + 36_{157}$. Rigoles, 42 kil. ; surf. aliment. , 8 lieues. Dépense présumée, 8,736,000 fr.

Sixième région. 1. *Canal de Nantes à la Gironde.* Ce canal serait très-propre, en temps de guerre, à remplacer avantageusement la navigation du cabotage le long des côtes de l'Océan. M. Brisson le divise en trois parties dont la dépense totale serait de 25,066,000 francs.

1°. *Jonction de la Loire à la Sèvre Nantaise.* On remontera la Sèvre Nantaise, qui se jette à Nantes dans la Loire, jusqu'au point de partage le plus rapproché des sources du petit Lay, qu'on coupera jusqu'au dessous de Claie; ensuite, par une coupure transversale à la vallée du Lay, l'on gagnera le *canal de ceinture des Hollandais*, d'où l'on passera dans la rivière de la Vendée, pour descendre à la Sèvre Niortaise. Expression du canal, entre Nantes et Marans, 62^m+81$_{80}$. Le bief de partage devra présenter un souterrain de 3500 mèt.; là, 27 kilom. de rigoles amèneront les eaux de huit lieues carrées.

2°. *Jonction de la Sèvre Niortaise à la Charente.* À Marans on rencontre le canal de 1re classe n° VII qui vient aboutir à la

Rochelle. On suivra ce canal jusqu'à l'embouchure du ruisseau de Mailles, en se
dirigeant par des vallons secondaires, vers
la direction de la Charente jusqu'au point
de partage, d'où l'on se dirigera sur Ton-
nay-Charente, un peu au-dessus de Roche-
fort. Expression du canal, $22^{29} + 19_{31}$.
Au bief de partage, souterrain de 3000
mèt., où 44 kilom. de rigoles amèneront
les eaux de 9 lieues carrées.

3°. *Jonction de la Charente à la Gironde.*
L'on remontera la Charente jusqu'à Saintes;
un peu plus haut, l'on passera dans l'affluent de la Seugue; puis dans un vallon
secondaire, pour gagner le point de partage, d'où l'on descendra par des vallons
jusqu'à la partie basse, où l'on devra franchir une ramification de vallées pour arriver à Blaye, sur la rive gauche de la
Gironde. Expression du canal, $33^{65} + 50_{73}$.
Au bief de partage, il faut un souterrain
de 1200 mèt., où 51 kilom. de rigoles
amèneront les eaux de dix lieues carrées.

2. *Canal de Bordeaux à l'Adour.* Ce canal partirait de Bordeaux, contournerait les monts de la presqu'île de Médoc; puis suivrait jusqu'à Dax, une ligne à peu près parallèle à la côte, entre la terre ferme et les dunes. Longueur du canal, 285 kilom. avec un bief de partage élevé de 40 mèt. au-dessus de la Gironde et de 36 au-dessus de l'Adour, à Dax. Le projet de ce canal appartient à M. Deschamps, inspecteur-général des ponts et chaussées. Dépense présumée, 18,015,000 francs.

M. Brisson propose un embranchement qui, partant du point le plus au nord sur la ligne du canal, irait par Castelnau jusqu'à la Gironde, en face de Blaye, et formerait ainsi la continuation de la branche n° 3 que nous venons d'expliquer. Dépense présumée, 1,740,000 francs.

2. *Jonction du Thouet au grand Lay* ou *canal de Saumur à Marans.* Pour opérer cette jonction, il faut aller : 1° du Thouet à la Sèvre Nantaise; 2° de la Sè-

vre Nantaise à la Lay, que traverse la voie navigable du premier ordre de Paris à Bordeaux : 1° On remontera successivement les vallons embranchés de la Thouet, de l'Argoulon et du Neuil, pour franchir le point de partage par un souterrain de 2,500 mètres, et descendre par d'autres vallons embranchés, jusqu'à la Sèvre Nantaise, à une demi-lieue au-dessous de St.-Laurent. Expression du canal, $77^{84} + 16_{40}$. Au bief de partage, 46 kilomèt. de rigoles amèneront les eaux de 9 lieues carrées.

2°. *Jonction de la Sèvre Nantaise avec le grand Lay.* On remontera la Sèvre, puis le vallon de l'Épesses, pour franchir le point de partage par un souterrain de 1,600 mètres, et déboucher dans un vallon affluent à celui du petit Lay, qu'on descendra jusqu'au grand Lay pour joindre le canal de premier ordre de Nantes à Bordeaux. Expression du canal, $13^{28} + 74_{92}$. Dépense totale du canal, 17,199,000 francs.

3. La vallée du Layon, rivière qui se jette dans la Loire, à Chalonne, contient des mines de charbon fossile. On entreprit, il y a près de 40 ans, un canal latéral au Layon, pour favoriser l'exploitation de ces mines; par les effets de la révolution les travaux furent abandonnés et presque détruits. On pourrait parfaire ce canal; remonter jusqu'au point du Layon le plus voisin du Thouet; ensuite, par un canal à point de partage, descendre à Thouet vers Montreuil. Expression du canal, à partir de Chalonne, $59^{48} + 8_{14}$. Dépense présumée, 5,073,000 fr. On exécutera bientôt un canal latéral à la Dive, depuis le Thouet jusqu'à Montcontour.

Septième région, comprise entre la Saône et le Rhône, le canal du midi, la Dordogne et le canal du premier ordre, n° XI, de Bordeaux à Huningue. Ce grand espace comprend les montagnes des Cevennes, du Vivarais et de l'Auvergne. Les pentes du terrain sont si fortes, dans la majeure partie de ce territoire, qu'il offre en fort peu d'endroits des localités favorables à l'ouverture des canaux. C'est dans cette partie qu'on pourra spécialement employer avec avantage les routes en fer.

1. *Canal de la Saône à la Loire par l'Azergue et le Rahins.* On remontera le Rhône depuis Lyon jusqu'à Neuville, pour gagner, par une courte coupure, le vallon de l'Azergue qu'on remontera en passant dans le vallon de St.-Just, pour ouvrir un souterrain de 4,800 mètres; on descendra de là vers la vallée de l'Orval, puis dans celle du Rahins qui débouche dans la Loire auprès de Roanne. Expression du canal, depuis la Saône, $42^{m} + 35_{,5}$. Dépense présumée, 9,939,000 francs.

Jonction de la vallée supérieure de la Loire avec le Rhône. Au lieu de faire un canal dans la vallée supérieure de la Loire, on exécute une route en fer. La partie de St.-Étienne à la Loire est achevée, et l'on avance avec activité la partie qui conduit de St.-Étienne à l'embouchure du Giers dans le Rhône ; partie qu'on prolongera parallèlement à la Loire, en descendant jusqu'à Roanne, depuis l'embouchure du Furans.

2. *Canal latéral à l'Allier*. M. Brisson pense qu'il faudrait exécuter un canal latéral à l'Allier, en remontant jusqu'à Martres-de-Veyre : ce qui serait très-utile à l'exploitation des mines de houille. Au-dessus de Martres, on ferait un chemin de fer pour aller jusqu'à Brioude ; le canal aurait 170^{125} ; des embranchements conduiraient vers Thiers et Clermont. Dépense présumée, 12,915,000 francs.

Jonction de l'Allier à la Loire par le Dore et le Lignon ; la ligne à suivre dans cette direction présente des pentes très-fortes et semble demander l'exécution d'un chemin de fer plutôt que celle d'un

canal; la longueur à parcourir serait de
75 kilomètres.

3. *Ligne de communication entre la
Dordogne et le canal du Midi.* Cette communication qu'on peut établir à travers
un pays qui possède de grandes richesses
minérales, offrirait beaucoup d'avantages.
Sa dépense présumée serait de 35,475,000
francs. On peut l'ouvrir de la manière
suivante:

1° *Jonction de la Dordogne au Lot.*
On effectuerait cette jonction en partant
de la Dordogne et remontant l'Alzon l'un
de ses affluents jusqu'à Grama; on gagnerait ensuite par une vallée dont M. Brisson donne l'indication, et l'on descendrait
dans le Lot. Les localités se prêtent difficilement au tracé qui nécessitera quatre
souterrains dont deux appartenant au bief
de partage, auront en somme 3,000 mètres de longueur; deux autres auront en
somme 3,200 mètres. Expression du ca-

nal, à partir de la Dordogne, $22^{75} + 29_{33}$. Le bief de partage recevra, par 25 kilomètres de rigoles, les eaux de 10 lieues carrées.

2°. *Jonction du Lot à l'Aveyron.* On traversera le Lot, à peu de distance du point où le canal précédent aboutit ; on remontera la Diège ; on pénétrera dans les vallons de Salles et du Campgely, pour franchir le point de partage par un souterrain de 2,000 mètres ; on débouchera dans la vallée du St.-Ygeste ; on descendra jusqu'à l'Aveyron, près de Villefranche. Expression du canal, $10^{60} + {}^{13}_{46}$! Au bief de partage, 32 kilomèt. de rigoles amèneront les eaux de 10 lieues carrées.

3°. *Jonction de l'Aveyron et du Tarn.*

L'Aveyron n'étant pas navigable, on serait contraint d'ouvrir un canal latéral à cette rivière qu'on descendrait jusqu'au Tarn, 120_{159} ; ensuite, pour gagner le canal du Midi, on remonterait le Ceron

affluent de l'Aveyron, puis les vallons de
Ponsonnac; on franchirait un souterrain
de 2,000 mètres, débouchant dans le
vallon de Ste-Martiale, affluent du Tarn;
on conduirait le canal le long du Tarn
jusqu'à Alby. On travaille maintenant à
rendre le Tarn navigable jusqu'à cette
ville. Expression du canal, $40^{86} + 11_{36}$.
36 kilom. de rigoles amènent au bief de
partage les eaux de 9 lieues carrées.

4° Jonction du Tarn au canal du Midi.
On descendra le Tarn jusqu'à l'affluent de
l'Agout qu'on remontera pour passer dans
le vallon affluent du Sor, au sommet
duquel on trouvera la rigole dite de la
Plaine : l'une de celles qui servent pour
alimenter le canal du Midi. On rendra
cette rigole navigable, afin d'arriver au
bief de partage du canal du Midi. Expression du canal, à partir du Tarn : $92^{84} + 27_{3r}$.
Rigoles supplémentaires pour l'alimenta-
tion de la branche du canal dirigée vers

l'Agout, 33 kilom. de longueur, recevant les eaux de 6 lieues carrées.

Il faudrait qu'on améliorât la navigation très-imparfaite du Lot jusqu'à Antraigues, pour la rattacher convenablement à la ligne de navigation qui vient d'être indiquée; ce qui ferait 234 kilom. de navigation fluviale. La navigation du Tarn a besoin pareillement de grandes améliorations dans la partie déja navigable au-dessous de Gaillon, partie dont l'étendue est de 210 kilom.

C'est dans la vallée rapide qui débouche des hauteurs du Tarn et de l'Aveyron vers la Méditerranée, qu'il serait avantageux d'employer les chemins de fer, afin de conduire à la mer les richesses de l'agriculture et des mines. L'auteur de l'Essai signale plusieurs directions à suivre pour les chemins de ce genre.

Par exemple, on irait de l'Aveyron à l'Orbes, en remontant la Viaure pour rejoindre le Tarn; remonter en longeant cette rivière, passer le Dourdon et gagner l'Orbes. Cette route aurait 81 kilom. de longueur ; un de ses embranchements s'étendrait jusqu'à Lescure au-dessus d'Alby, pour atteindre le canal de jonction du Tarn et de l'Aveyron par le Ciron. La longueur du chemin de fer, depuis Lescure, serait de 217 kilomètres.

Huitième région. La huitième région, comme la septième, est trop montueuse pour qu'on y puisse ouvrir un grand nombre de canaux. Elle s'étend au sud de la Garonne et du canal du Midi, depuis l'Océan jusqu'à l'embouchure du Rhône. On pourrait prolonger le canal de Narbonne jusqu'à Perpignan, dans une longueur totale de 42.[15]. Dépense présumée, 2,619,000 francs.

Canal de l'Adour à la haute Garonne. D'après un premier projet, on aurait remonté l'Adour jusqu'à Tarbes, puis la Neste, pour croiser la vallée de l'Arros, affluent de l'Adour, et gagner un canal la-

téral à la Garonne : canal qu'on eût conduit jusqu'à Toulouse. Cette ligne aurait
offert les plus grandes ressources pour le
débouché des richesses agricoles et minérales du versant septentrional des Pyrénées. Un autre canal qu'on a proposé
sous le nom de *Canal royal des Pyrénées*,
remonterait latéralement à l'Arros, pour
gagner la Garonne plus bas que le canal
précédent; mais la vallée de l'Arros est
moins riche que celle de l'Adour. Selon
l'auteur de l'Essai, ce canal ne saurait
être préféré au canal du Midi, pour
communiquer de la Méditerranée dans
l'Océan; parce que le premier canal,
ayant besoin d'un grand nombre d'é-
cluses, présenterait une navigation plus
longue et sujette à plus d'inconvénients
que celui du Midi. Dépense présumée,
33,087,000 francs.

M. Brisson préfère la première indication du canal qui joint l'Adour à la Ga-

10.

ronne, en remontant jusqu'à Tarbes, et
décrit ce tracé avec quelques détails. Expression du canal: $131^{437} + 8_{15}$, depuis
l'Adour jusqu'à l'Arros, à 3 kilom. au-dessus de Tournay. A partir de ce point, on
remonte l'Arros; on franchit un souterrain
de 4,000 mèt., qui débouche dans la vallée
de la Neste, laquelle afflue dans la Garonne, et l'on descend jusqu'à Toulouse.
Expression de cette seconde partie du ca-
nal, entre l'Arros et Toulouse, $23^{84} + 134_{417}$.
Cette partie du canal recevrait, par une
dérivation de la Neste, les eaux de plus
de 30 lieues carrées.

Neuvième région, à l'est du canal de la
Saône et du Rhône.

1. *Communication du canal de Monsieur
avec la vallée de la Loue et Salins.* On
peut tracer un chemin de fer qui remonte
parallèlement à la Loue, depuis le canal
de Monsieur jusqu'à Salins. On passerait
de la vallée du Doubs à celle de la Loue

par un court canal qui aboutirait entre Doles et Choisey. Expression du canal : $3^{12}+54_{62}$. Dépense présumée, 4,875,000 francs.

2. *Communication du canal de Monsieur avec le Rhône, par la Bresne.*

Jonction de la Loué à la Seille. Ce canal, formant continuation avec celui que nous venons de décrire, descendrait parallèlement à la Loue sur la rive gauche de cette rivière jusqu'au Doubs ; ensuite on s'élèverait pour aller gagner le point de partage et descendre vers la Bresne qui se jette dans la Seille à Louhans. Expression du canal, $21^{8}+43_{32}$. Alimentation du point de partage, 20 kilom. de rigoles, amenant les eaux de 9 lieues carrées.

De la Seille à Louhans on longera le Saulmon pour remonter la vallée du Cevron et du Malaval ; ensuite, par une coupure, on franchira le rideau de terrain qui sépare l'affluent du Cevron et de la Reysouse. On remontera la Veyle pour gagner par une coupure St.-Maximin et Montluel, et descendre parallèlement au Rhône jusqu'à Lyon. Expression du canal, $86^{65} + 41_{102}$. Alimentation du canal, 24 kilomètres de rigoles, pour dériver les eaux de l'Ain et du Curan. Dépense totale présumée, 14,784,000 francs.

3. *Communication de Bourg à la Saône par la Veyle* ; à partir de la ligne navigable que nous venons de tracer, un canal descendra latéralement jusqu'à la Saône à Pont-Level : cours du canal, 39_{62}. Dépense, 3,153,000 fr.

Il existe maintenant une communication par la Seille, entre Louhans et la Saône.

4. *Navigation dans la vallée de l'Isère;* on remontera parallèlement à cette rivière par un canal de 98^{130}, jusqu'à Grenoble.

5°. M. Brisson propose d'ouvrir une ligne navigable depuis le Rhône, à l'embouchure de la Durance, jusqu'à celle de l'Argence auprès de Fréjus, avec des embranchements qui communiqueraient à Toulon ainsi qu'à Marseille. Il indique la direction de cette voie navigable qui pourrait devenir importante dans le cas d'une guerre maritime, Ce canal remonterait la Durance jusqu'à Orgon, passerait près de Salon, puis à Aix, d'où il remonterait le Sallaron ; passerait près de St.-Maximin, et, par une coupure au point de partage, gagnerait la vallée de l'Argence, rivière qui débouche dans la mer auprès de Fréjus.

En général, il n'est guère possible d'ouvrir de nombreux canaux en Provence où les sources sont rares, les sécheresses longues, et les eaux précieuses pour les irrigations. Dans cette partie du royaume on pourrait établir avec un grand succès les chemins en fer.

Tel est l'ensemble des canaux de 2ᵉ classe
dont M. Brisson indique le tracé, en profitant de tous les nivellements rigoureux
et de toutes les données approximatives
qu'il a pu recueillir, et des tracés indi-
qués déjà sur beaucoup de points par les
ingénieurs ses devanciers. Il évalue ensuite les dépenses. Il prend pour base des
supputations relatives aux canaux de 1ʳᵉ
classe, les trois canaux du Midi, de Cha-
rolais et de St.-Quentin. Il trouve 80,000
francs pour la dépense d'un kilomètre
courant, y compris les ouvrages d'art,
excepté les écluses. Afin de tenir compte
du renchérissement des terrains, il porte
ce prix, de 80,000 à 90,000 fr. Il évalue
à 24,000 fr. le mètre de descente ou de
montée obtenu par des écluses. En conséquence si, pour un canal de 1ᵉʳ ordre,
l'on multiplie par 90,000 fr. le développement longitudinal exprimé en kilomètres, et si l'on multiplie par 24,000 fr.
la somme des montées et des descentes,

exprimée en mètres, le total des deux
sommes sera la dépense du canal.

Il faudra cependant y joindre le prix
des rigoles et des souterrains, qu'on porte
ici, pour les rigoles à 18,000 fr. par kilom.,
et pour les souterrains à 500 fr. par mètre courant.

L'auteur adopte les prix suivants pour
les canaux de 2ᵉ classe : Kilomètre courant
57,000 fr. Dépense des écluses par mètre
de chûte 15,000 fr., et 22,000 fr. si l'on
construit de longues écluses pour le passage des bois de marine. Prix des souterrains de 2ᵉ classe, 150 à 250 fr. le mètre
courant.

Ces prix doivent être regardés comme
des prix moyens pour toute la France ;
mais il faut porter les travaux qu'on ef-
fectue dans un cercle de dix lieues de
rayon autour de la capitale, à des prix
une fois et demie plus élevés.

Après avoir établi de la sorte ses bases

d'évaluation, l'auteur obtient les résultats suivants :

INDICATION des CANAUX.	LONGUEUR DE CANAL en kilomètres.	SOUTERRAINS en mètres.	HAUTEUR DE chûte D'ÉCLUSES.	DÉPENSES. (francs.)
Canaux de 1ʳᵉ classe.	k. 2,225	m. 37,900	m. 2,440 50	fr. 329,557,000
Canaux de 2ᵉ classe.				
1ʳᵉ région.	511	33,700	829	55,940,000
2ᵉ id.	853	11,100	1,058	75,724,000
3ᵉ id.	1,174	10,800	2,094	108,592,000
4ᵉ id.	1,801	34,200	2,994	165,079,000
5ᵉ id.	1,625	35,800	2,884	157,651,000
6ᵉ id.	830	11,800	771	67,093,000
7ᵉ id.	611	15,000	1,070	58,329,000
8ᵉ id.	338	5,800	068	35,706,000
9ᵉ id.	285	1,800	343	22,812,000
	8,028	162,000	13,017	745,926,000

Dans le tableau qui vient d'être présenté, l'on ne comprend point les canaux en exécution et pour lesquels des fonds sont déjà faits, ou qui sont exécutés par des concessionnaires. Ce travail ne comprend pas non plus l'amélioration des rivières : amélioration qu'on peut obtenir au moyen du revenu, bien administré, des octrois de navigation. Enfin l'auteur excepte de cette estimation les dépenses futures du canal maritime de Paris à l'embouchure de la Seine.

M. Brisson fait ensuite entrer en ligne de compte les frais de conduite et d'administration pour la construction des canaux, et l'intérêt des capitaux employés durant leur exécution : durée qu'il suppose seulement de six années, valeur moyenne. Il trouve, en conséquence, qu'il faudrait dépenser, pour les voies navigables du premier ordre, 396,000,000 fr. et pour les voies navigables du second ordre, 888,000,000

TOTAL. 1,284,000,000 fr.

L'auteur remarque avec raison que,

dans l'état actuel des choses, parmi tous
les canaux qu'on vient d'énumérer, il n'en
est qu'un petit nombre dont l'exécution
immédiate puisse offrir des revenus suffisants pour procurer un intérêt raison-
nable aux fonds employés à leur exécution. Il pense que le trésor public pourrait
garantir aux entrepreneurs de ces canaux
un supplément de revenu suffisant pour
déterminer et payer les entreprises. C'est
une question très-grave d'économie politique, et que nous n'essaierons pas de
traiter en ce moment.

  Quelle que soit la solution de cet important problême, le gouvernement pourrait dès à présent, ordonner une étude
complète des lignes du Ier ordre, par ses
principaux ingénieurs, et prescrire des
recherches statistiques suffisantes pour
déterminer avec précision la source des
revenus dans ces directions principales.
C'est ensuite aux personnes les plus éclai-
rées, dans les divers départements, à

former des associations pour compléter
l'étude des canaux du second ordre: étude
que le gouvernement pourrait demander
sous le point de vue de l'art, aux ingénieurs
en chef de chaque département, en même
temps que des capitalistes feraient l'étude
des ressources statistiques des pays tra-
versés par les canaux du second ordre.

L'ouvrage dont nous venons de rendre
compte est remarquable pour l'étendue
des objets qu'il embrasse et pour la mé-
thode avec laquelle ils sont envisagés et
traités. C'est un vaste répertoire que les
administrateurs, les ingénieurs et les capitalistes pourront consulter avec fruit,
et devront souvent consulter; c'est un
travail qui mérite toute l'attention du
gouvernement. Si ce travail, qui forme
un volume, n'avait pas une étendue trop
considérable, et s'il n'était pas de nature
à pouvoir être réclamé par l'administration, laquelle sans doute s'empressera de
le faire paraître à ses frais, nous vous

proposerions de l'insérer dans la collection des savants étrangers, au rang des mémoires approuvés par l'Académie. Nous regardons ce travail comme ajoutant aux titres que l'auteur s'est acquis précédemment à l'estime de l'Académie, et comme méritant votre approbation.

DE PRONY, LACROIX,

COMMISSAIRES, et

CHARLES DUPIN,

RAPPORTEUR.

L'Académie approuve le rapport, dont elle adopte les conclusions.

3 décembre 1827.

Le secrétaire perpétuel pour les sciences mathématiques,

BARON FOURIER.

FIN

www.ingramcontent.com/pod-product-compliance
Lightning Source LLC
Chambersburg PA
CBHW052220270326
41931CB00011B/2429